그래도 이 정도면
잘사는 거 아닌가요?

그래도 이 정도면 잘사는 거 아닌가요?

천천히 조금씩 인생을 바꾸는 자기계발 전략

초 판 1쇄 2025년 10월 27일

지은이 윤주한
펴낸이 류종렬

펴낸곳 미다스북스
본부장 임종익
편집장 이다경, 김가영
디자인 임인영, 윤가희
책임진행 이예나, 김요섭, 안채원, 김은진, 국소리

등록 2001년 3월 21일 제2001-000040호
주소 서울시 마포구 양화로 133 서교타워 711호
전화 02) 322-7802~3
팩스 02) 6007-1845
블로그 http://blog.naver.com/midasbooks
전자주소 midasbooks@hanmail.net
페이스북 https://www.facebook.com/midasbooks425
인스타그램 https://www.instagram.com/midasbooks

© 윤주한, 미다스북스 2025, *Printed in Korea*.

ISBN 979-11-7355-527-5 03190

값 18,500원

※ 파본은 구입하신 서점에서 교환해드립니다.
※ 이 책에 실린 모든 콘텐츠는 미다스북스가 저작권자와의 계약에 따라 발행한 것이므로 인용하시거나 참고하실 경우 반드시 본사의 허락을 받으셔야 합니다.

미다스북스는 다음세대에게 필요한 지혜와 교양을 생각합니다.

그래도 이 정도면
잘사는 거 아닌가요?

윤주한 지음

천천히 조금씩 인생을 바꾸는 자기계발 전략

미다스북스

프롤로그 7

잘살고 있다는 착각에 빠진 나

1 [착각] 부모 지원을 나의 성공이라 믿은 시간   19
2 [안주] 두려움이 없는 '편안함의 감옥'   23
3 [허세] 갈수록 요란해지는 빈 수레   28
4 [오만] 마음만 먹으면 성공할 줄 알았던 큰 착각   33

나를 일으킨 성장의 5가지 비밀

1 [확언] 이룬 것처럼 말하자 삶도 움직였다   41
2 [독서] 서점의 냄새 속에서 습관이 자랐다   49
3 [변화] 자기계발서를 내려놓자 길이 열렸다   53
4 [통찰] 다독보다 실천이 답이었다   60
5 [성찰] 변화는 나를 아는 데서 시작된다   65

작은 변화로 얻은 12가지 깨달음

1 [독립] 35년 만에 찾은 진짜 내 삶   79
2 [습관] 작은 시작이 변화를 불렀다   87
3 [행동] 생각만 많으면 아무것도 없다   93
4 [질문] "왜" 대신 "어떻게"로   104
5 [법칙] 목표를 숨기니 부담감이 사라졌다   115
6 [극복] 나태함을 밀어낸 감사함   119
7 [전환] "Just Do Well"이 아닌 "Just Do it"   129
8 [배움] 교육의 자리에서 얻은 네 가지 보물   137
9 [균형] 조급함을 버리고 차근차근 나아갔다   152
10 [경청] 말을 줄이니 다시 들려온 깨달음   160
11 [집중] 성장의 열쇠는 한 가지에 있었다   167
12 [침묵] 말의 무게를 깨닫게 한 시간   171

작은 변화들이 모여 만든 4가지 행복

1 [가족] 내가 변하자, 가족이 웃었다   181
2 [내면] 묵묵한 실천이 자신감을 키웠다   187
3 [언어] 긍정으로 바꾸니 삶이 달라졌다   192
4 [성장] 배우며 자라는 기쁨   197

당신의 인생을 바꿀 첫걸음을 위하여

1 [함정] 잘못된 자기계발 인식 바로 잡기   209
2 [출발] 반복 속에서 찾을 수 있는 "나 자신"   214
3 [정체] 제자리걸음에서 벗어날 하나의 실천   223
4 [명언] 인생을 바꾼 한 줄   232

프롤로그

'엄마가 해주겠지.'

  가족과 함께 순대국밥집에 갔을 때였다. 반찬으로 나온 청양고추를 먹은 나는 매운맛에 흠칫 놀랐다. 그 순간 엄마가 종업원을 불렀다.
  "애기가 먹는데 이렇게 매운 고추를 주면 어떡해요?!"
  엄마의 목소리가 식당 안에 울렸다. 다른 손님들이 우리를 쳐다보며 의아한 표정을 지었다. 당연했다. 그 '애기'는 현역 만기 전역한 26살 청년이었으니까. 하지만 엄마에게 나는 여전히 보살펴야 할 아이였다. 나 역시 엄마의 보호막 안에서 편안함을 느끼고 있었다.

세월이 흘러 서른이 되었다. 연인에게 프러포즈하고, 결혼 준비를 해야 하는 상황이 되었다. 집은 어떻게 구하지? 돈은 얼마나 들까? 이런 현실적인 걱정들이 밀려올 법도 했지만, 이상하게도 머릿속에 가장 먼저 떠오른 단어는 '엄마'였다. 엄마는 내 인생의 만능열쇠였다. 전액은 아니지만 신혼집 전세금부터 결혼반지까지, 모든 것이 엄마의 손에서 나왔다. 만능열쇠에 의존하며 편안하게 살아온 나는 작은 꾸중에도 쉽게 포기하며 회사를 몇 개월 다니지 못했고, 내 통장 잔액은 언제나 '0'이었다.

반백수 생활은 결혼 후에도 별반 다르지 않았다. 입사와 퇴사를 반복하며 무려 10년간 11곳의 회사에 전전한다. 그러함에도 걱정하지 않았다. 경제적으로 힘들 때 '엄마'를 찾으면 해결됐기 때문이다. 결혼 3년 차, 아들이 태어난 2020년, 영업직에 종사하던 나는 코로나19라는 큰 사회적 이슈를 맞이한다. 일하기 싫은 상황에서 일을 그만둘 핑계가 생겼기에 기분이 좋았다. 아내에게 "정부에서 영업하지 말래."라는 거짓말과 함께 백수가 됐다. 아내는 내가 어쩔 수 없이 일자리를 잃은 걸로 생각했다.

강제로 백수가 되었다고 듣게 된 엄마는 취직할 때까지 용돈을 주시겠다고 했다. 이후 일을 안 해도 들어오는 돈을 보며 '뭐 하러 일해? 일하면 용돈이 사라지잖아?!'라는 생각을 가진다. 그 후 나는 부모님께 온갖 거짓말과 핑계를 만들며 집에 머물렀다. 간간이 직장을 구해도 부모님께는 알리지 않았다. 머무른 시간 동안 하고 싶었던 게임에 시간을 쏟았다. 게임을 하면 할수록 깊숙이 빠져들었다. 어느덧 나에게 육아와 집안일은 게임 시간을 뺏는 일이 되었다. 아내에게 모든 일을 미뤘고, 아들이 두 돌 될 때까지 목욕 한 번을 해주지 않았다.

경제활동도 아내의 몫이었다. 문화센터 강사인 아내는 주말마다 아이를 조부모에게 맡기고 일을 나갔다. 내가 집에 있었지만 "일하려면 맡기고 가."라고 시켰다. 강사 일을 마치고 집에 돌아오면 다시 모든 일은 아내가 했다. 지친 아내의 유일한 휴식은 아이가 잠든 시간 거실에서 TV를 보는 것이었다. 하지만 나에게는 게임을 방해하는 소리일 뿐이었다. 그래서 나는 아내에게 윽박지른다.

"게임 하는데 시끄러우니까 방에 들어가라고! 아기가 울면 데리고 나가던가!"

나의 소리에 놀란 아내는 안방에 들어갔다. 그날 이후 아내는 나를 피하기 시작했다. 가족과의 관계가 틀어진 채 게임에 빠져 보낸 시간은 어느덧 2년이 됐다. 어느 새벽, 알 수 없는 긴장감에 잠이 깼다. 심장이 두근거리고 땀이 났다. 그때 닫혀 있는 안방 문 넘어 이상한 소리가 들렸다. 문을 열고 어두운 거실을 보니 화장실 불빛만 희미하게 보였다. 나는 조심스럽게 화장실로 다가갔다. 가까이 갈수록 흐느끼는 소리와 무언가를 자르는 가위 소리가 선명하게 들렸다. 화장실 문을 여는 순간, 아내의 손에는 가위가 들려있었고, 바닥에는 머리카락이 떨어져 있었다. 나의 부름에 아내는 천천히 나를 돌아봤다. 아내는 눈에는 눈물이 고여 있었고, 떨리는 목소리로 말했다.

"오빠, 손목을 자르고 싶은데 용기가 없어서 머리라도 자르고 있어…."

놀란 나는 일단 아내가 들고 있던 가위를 던지고 아내를 진정시켰다. 다음날 장인어른, 장모님에게 이 사실을 알리고 도움을 요청했다. 하지만 정작 나는 아내의 무너진 마음은 단순히 누구나 겪는 산후우울증으로 치부했다. 여전히 게임을 멈추지 않았고, 시간이 지나면 저절로 해결될 문제로 가볍게 생각했다.

이후에도 몇 개월간 게임에 몰두하며 살았다. 그러던 중 "게임이 그렇게 재밌어?"라는 아내의 말에 눈치가 보여 구직활동을 했다. 얼마 지나지 않아 편의점에서 새벽 아르바이트를 하기 시작했다. 수질 기사 자격증 보유로 환경 회사에 취직할 수 있음에도 그러지 않았다. 하고 싶은 게임을 위해 일부러 손님이 적은 새벽 시간, 혼자 일하는 편의점만 찾았다. 4살 아들을 둔 가장에게 일자리 선택 기준은 게임이었다.

편의점 취직 몇 개월 뒤.
변화의 시작은 친구와의 만남이었다. 5년 만에 본 친구는 부모 도움 없이 시작해 이제 자신의 집을 마련했다고 했다. 그의 목소리에는 자신감이 묻어나왔다. 이야기 도중 편의점 출근을 위해 먼저 일어났다. 출근 후 할 일을 마치고 새벽 1시 게임 할 준비하고 있었다. 그러다 문득 친구의 자신감 넘치는 목소리가 귓가에 맴돌았다. 그와 함께 '나는 집을 어떻게 살까?'라는 궁금증이 생겼다. 고민은 그리 길지 않았다.

'엄마가 사주겠지.'

 갑자기 눈물이 쏟아졌다. 급하게 편의점 문을 잠그고 창고에 들어가 10분 넘게 목 놓아 울었다. 생각할수록 스스로가 너무 한심해 "병X새끼!"라며 볼을 때렸다. 돌아보니 나이 34살 먹고 엄마에게 모든 걸 의지하며 살아가는 나는 "마마보이"였다. 그날 이후 삶의 변화를 위해 자기 계발에 노력했다. 그로부터 2년. 나는 고시원을 운영해 매월 450만 원의 수익을 내고, 경매로 작은 상가를 낙찰받았다. 그리고 현재 새로운 사업, 목표를 위해 배우며 도전하고 있다. 더 이상 "엄마 해줘."를 입에 달고 살던 마마보이는 없어졌다.

 변화의 시작은 긍정 확언이었고, 변화의 과정은 독서였다. 하지만 책만 읽으면 성장하고 성공한다는 착각에 빠져 목표가 '많이 읽기'로 변질되었다. 독서량이라는 목표는 달성했지만, 정작 내 삶은 여전히 제자리걸음이었다. 그제야 진정한 성장과 성공은 단순히 아는 것이 아닌 행동으로 옮겼을 때 나온다는 것을 깨닫게 되었다. 이후 자기계발서에서 나오는 방법을 나의 삶에 적용하기 시작했다.

하지만 그 행동이 마냥 나를 성장 시켜주지는 않았다. 추상적인 방법, 맹목적인 믿음, 성공한 사람들과는 다른 나의 성향과 상황, 각기 다른 피드백이 혼란과 포기를 불러왔다. 더 안타까운 건 자기계발서를 읽고 실천할수록 수십억 부자 같은 대단한 부만이 자기 계발이라는 잘못된 인식을 갖게 했다. 거기에 단기간에 누구나 할 수 있다는 내용을 보며 몇 개월 안에 나의 통장에 수십억이 생기는 심각한 착각에 빠졌다. 하지만 시간이 지나도 나의 통장 잔액은 여전히 0에 가까웠다. 이내 스스로 아무것도 못 하는 사람이라 자책하고, 그동안의 실천을 부정하며 자기계발을 포기했었다.

이후 혼란과 포기를 거듭하며 나는 천천히, 조금씩 인생을 바꾸는 자기계발 전략을 찾아갔다. 좋은 질문, 감사한 마음, 습관의 중요성, 환경을 바꾸는 법. 이를 통해 작은 성공들이 모이면서 지금의 내가 되었다. 이 책은 '대단한 성공'이 아닌 '현실적인 성장'의 기록이다. 자기계발서를 읽고도 성장하지 못해 고민하는 이들을 위해 시행착오와 노력 끝에 내가 얻은 12가지 깨달음을 담았다. 모든 사람에게 정답이 될 순 없다. 하지만 누군가의 삶에 적용할 가치는 충분하다. 가족들도 모르는 내 부끄러운 과거를 꺼내는 이유는 단 하나, 누군가에게 도움이 될 것이라는 확신 때문이다.

본문에 들어가기 전 한 가지 제안하고 싶다. 읽는 도중 좋다고 느낀 부분이 있다면, 바로 책을 덮고 그 한 가지를 실천하는 것이다. 자신에게 맞는지 안 맞는지 고민은 접고 일단 실천해야 한다. 만약 맞지 않는다고 해도 자신에게 맞는 방법을 찾아가는 과정이 된다. 그 과정이 반복된다면 결국 자신을 성장시킬 방법을 찾을 수 있다. 우리의 삶은 행동으로 변한다. 가족까지 힘들게 했던 나였지만, 작은 변화를 쌓아가며 조금씩 달라질 수 있었다. 완벽하진 않지만, 지금의 나는 분명 어제보다 나아졌다. 그래서 이제는 말할 수 있다.

"그래도 이 정도면 잘사는 거 아닌가요?"

누군가의 품 안에서 편안했지만,

진짜 행복은 스스로 걸을 때 찾아왔다.

잘살고 있다는
착각에 빠진 나

1
[착각]

부모 지원을
나의 성공이라 믿은 시간

"진짜 자기 삶을 살기 전까지는, 남의 삶을 빌려 사는 것일 뿐이다."

- 『자유로부터의 도피』, 에리히 프롬

"적당히 벌면 되지. 뭘 그리 열심히 살아?!"

내가 수년간 여러 사람들에게 아무렇지 않게 내뱉었던 말이다. 결혼 후에도 핸드폰 요금과 보험료를 부모님이 내주시고, 백수 시절에는 용돈까지 받으며 살았던 주제에 말이다. 내가 언제, 누구에게 이런 말을 했는지 기억도 나지 않는다. 힘듦과 가난이란 단어는 70년대에나 있었던 것처럼 느껴졌다. 내 삶에 가난은 존재하지 않았다. 어렵고 힘든 일을 겪어본 적도,

겪을 필요도 없이 살아왔다. 대기업에 다니는 아버지와 재테크에 관심 많은 어머니는 틈틈이 부동산과 투자로 부를 쌓으셨고, 그 덕에 나는 원하는 것을 마음껏 누리며 자랐다.

그들은 내 인생의 든든한 조력자였다. 하지만 편하게 부모님 등에 업혀 자란 나는 일이 조금이라도 어렵거나 스트레스를 받으면 버티지 못하고 금세 그만두는 사람이 되었다. 그래서 지난 10년 동안 11곳의 회사 다녔다. '다녔다'보다는 '기웃거렸다'가 더 정확한 표현이다. 직장도 제대로 다니지 못하는 내가 독립해서 자신의 길을 가는 지인들에게 툭 던진 말이 바로 "적당히 벌면 되지. 뭘 그리 열심히 살아?!"였다.

그러다 3년 전, 한 지인이 내가 여유롭게 사는 모습이 부럽다고 말했다. 곰곰이 생각해 보니 그건 여유가 아니라 허세와 착각이었다. 부모님의 노력을 내 것인 양 자랑하며 살았기에 여유 있는 사람으로 비추어졌을 뿐이다. 지금까지도 주변 사람들은 나를 똑똑하고, 끈기, 성실, 독립성을 두루 가지고 있으며 육아까지 잘하는 사람으로 알고 있다.

과거의 나를 가장 정확하게 표현해 주는 드라마 대사가 있다.

> "3루에서 태어나 놓고 3루타를 친 줄 안다."

- 드라마 <스토브리그> 중에서

  돌이켜보면, 나는 내 모습을 객관적으로 보지 못했다. 나는 스스로 잘나서 잘 사는 사람이라 믿으며 살아왔다. 부모님의 그늘, 환경의 혜택을 내 능력으로 착각했다. 그래서 거울 앞에 서서 스스로 물어봐야 했다. 내가 지금 누리는 것들은 진짜 내 노력으로 얻은 거야? 내가 서 있는 이 자리는 어떻게 만들어진 거지? 자문자답하면 할수록 "나 자신"이 이룬 건 하나도 없다는 걸 자각했다. 나 자신의 삶을 살기 위해서는 부모님의 그늘과 잘못된 착각에서 나와야 했다.

  이후 집에서 독립한 뒤 이사와 잔금 처리를 혼자 해결하느라 힘들었지만, 그 경험이 오히려 나를 성장시켰다. 근육이 저항에 맞서 싸울 때 강해지듯, 내 정신과 능력도 도전과 어려움을 극복하는 과정에서 발전한다는 걸 깨달았다. 또한, 과거의 부끄러웠던 행동과 생각들이 모인 것이 지금의 "나"라는 걸 인정해야 했다. 처음에는 부정했고, 합리화하고, 부모의 교육 탓을 했다. 탓하는 것 또한 "나"다.

마침내 과거를 인정하고 답을 찾는 순간, 내 진짜 여정이, 새로운 한 걸음이 시작되었다.

2
[안주]

두려움이 없는
'편안함의 감옥'

"성장은 안전지대 밖에서 시작된다."

- 네빌 가드너

"엄마, 나 결혼할 거야. 전세 구해줘."

나는 프러포즈 이후 비슷한 시기에 결혼을 준비하는 지인들과 이야기를 나눴다. 그들은 결혼자금, 집값, 결혼식 준비, 발품 파는 시간 등을 언급했다. 안타깝게도 그들의 목소리에는 설렘과 기대감보다 걱정과 고민이 더 담겨 있었다. 나는 전혀 공감되지 않았다. 그들과 같은 고민할 필요가 없었다. "엄마, 전세 구해줘."라고 도움을 맡겨놓은 것처럼 당연한 말투로 전화했다. 부모님은 알겠다고 하셨다. 이후 상견례 및

예식장 예약 등 순차적으로 진행하고, 마지막으로 부모님과 전셋집을 같이 알아보러 다니기로 약속을 잡았다.

약속 날, 갑자기 일이 생겨 엄마에게 약속 변경을 위해 전화했다. 그러자 엄마는 "바쁘니? 걱정하지 말고 일 봐. 내가 알아볼게."라는 답과 함께 홀로 매물 5곳을 둘러보시고 2곳을 추려주셨다. 나는 그 집들이 마음에 들지 않았다. 그래서 엄마에게 "원하는 조건을 말해줄게. 다시 알아봐 줘."라고 하면서 오히려 뻔뻔하게 원하는 조건을 나열했다. 엄마는 까다로운 조건에 같이 알아보는 게 좋겠다고 하시며 열흘 뒤인 다음 주 토요일로 약속을 잡았다. 약속을 잡고 며칠 뒤, "주한아, 괜찮은 집이 나왔어. 퇴근하고 보러 가자."라는 연락을 받았다. 퇴근 후 가보니 금액, 위치, 상태가 마음에 들었고 그날 가계약을 진행하면서 첫 전셋집을 구했다.

힘들이지 않고 구한 전셋집에서 2년 6개월이라는 시간이 지났다. 계약 전, 해당 아파트의 재개발 날짜가 정해져 있었다는 걸 들었었다. 그래서 시기에 맞춰 이사에 필요한 비용과 다음 집 마련을 대비해야 했다. 하지만 나는 알고 있음에도 다음을 위한 준비는 생각조차 없었다. 그리고 회사를 제대로 다니지 않아 통장의 잔액은 여전히 비어 있었고, 전셋값까지 폭등했음에도 두렵기는커녕 여유만만했다.

그 이유는 엄마가 있기 때문이었다. 나는 곧바로 엄마에게 전화를 걸었다.

"엄마, 나 이제 이사 가야 해."
끝.

구하는 과정은 첫 전셋집 구할 때와 마찬가지로 엄마의 도움으로 똑같이 진행되었다. 하지만 나의 마음가짐은 달랐다. 첫 전셋집을 구할 때는 정말 회사에 일이 있었기에 도움을 받았지만, 두 번째는 귀찮고 게임을 하기 위해 바쁘다고 거짓말을 했다. 거기에 추가로 전세 대출 비교까지 뻔뻔하게 부탁했다. 거짓말로 바쁜 나를 위해 부모님은 은행, 부동산을 여러 군데 다니시며 전세 대출 비교까지 해주셨다.

나는 또 걱정과 고민 없이 세상 편하게 두 번째 전셋집을 구했다. 그러면서 아내에게는 모든 과정을 내가 한 것처럼 말했다. 나는 두려움이 없었다. 정확히는 뭐가 뭔지 몰랐다. 스스로 살아갈 생각이 없으니 두려움이라는 감정이 생길 리 만무했다. 엄마를 찾으면 노력할 필요도 없이 해결되었기에 편안한 엄마의 품에 들어가 있었다.

향후 독립한 뒤 스스로 진행했던 이사 준비 중 임대인에게 보증금을 줄 돈이 없다는 말을 들었다. 불안과 공포에 고통스러웠지만, 부모님에게 알리지 않고 스스로 임차권등기, 내용증명 등을 배워가며 대응했다. 몇 개월 뒤 보증금을 받으며 마무리가 되었다. 그 과정에서 스스로 했다는 성취감은 부모님의 도움 속 편안함과는 비교할 수 없이 값졌고 짜릿했다.

이제는 안다. '두려움'이란 감정은 내 삶을 온전히 내가 바라볼 때 생기는 감정이라는 것을. 두려움은 성장의 시작점이었다. 내가 부모님의 도움으로 느꼈던 '안락함'은 편리했지만, 그 안에서는 진정한 성취감도, 성장도 없었다. 우리가 안락한 '편안함의 감옥'에서 벗어날 때, 비로소 진정한 성장과 작은 성공도 경험할 수 있다. 혹시 지금 두려움 앞에 서 있다면, 그것은 단순한 장애물이 아니라 스스로 변화시킬 기회다. 성공의 유, 무를 떠나 해결할 방법을 찾으려 노력하기에 두려움을 마주하는 순간부터 성장은 시작된다.

3
[허세]

갈수록 요란해지는
빈 수레

"자신을 속이면 결국 무너지는 건 자기 자신이야."

- 드라마 <미생> 중에서

"야! 운전 똑바로 해!!!!!!"
"내가 맞다고! 알지도 못하면서."
"엘리베이터에서 개 시끄럽네."

이 내용은 내가 백수 생활 중 수도 없이 내뱉은 말들이다.

나는 욕을 싫어했고, 소리 지르며 화내는 사람들을 이해하지 못했다. 특히 운전할 때 웬만한 상황에서는 '뭐가 저리 급할까?' 하며 넘어갔다. 아내 또한 결혼 전까지 내가 소리치며 화내는 모습을 본 적이 없었다. 그랬던 나는 반백수 생활이 약 2개월 지났을 때부터 사소한 일에도 짜증 내고, 목소리도 커지며 욕까지 내뱉었다. 이런 모습을 아내에게 처음 보였을 때 사과했지만, 이내 다시 목소리가 높아졌다.

빈도는 걷잡을 수 없게 늘어났다. 음식점, 길거리, 엘리베이터 등 어디든 내 마음에 들지 않거나 조금만 거슬리면 상대에게 다가가 소리치고 화를 냈다. 운전할 때 넘어가던 상황도 이제는 참지 못했다. 창문을 내리고 상대 운전자와 싸우는 상황이 늘어났다. 싸우고 난 뒤 '엘리베이터에서 도대체 왜 이렇게 시끄럽게 구는 거야!', '나는 운전 잘했는데 나한테 왜 이러는 거야!'라는 억울한 생각이 들었다.

난 잘못한 게 없는데 세상이 나를 무너트리는 것 같았다.

어느 날, 조수석에 아내와 2살 아들을 태우고 마트를 가고 있었다. 그런데 오른쪽 차가 차선을 지키지 못해 접촉 사고가 날 뻔했다. 나는 클랙슨을 울리며 조수석 창문을 내리고 상대 운전자에게 욕과 함께 소리를 고래고래 질렀다. 그 운전자는 미안함을 표현했지만, 하고 싶은 욕을 다 하고 난 뒤

에야 창문을 올렸다. 나의 욕설과 고성 사이에 있던 아들은 결국 울음을 터트렸고, 아내는 고개를 떨구며 5분간 말이 없었다. 그 모습을 본 나는 "내가 뭘 잘못했는데? 같이 욕해야지 왜 가만히 있어?!"라며 아내를 윽박질렀다.

그날 이후 아내는 내가 집에 있음에도 혼자 짐과 아이를 안고 말없이 병원과 마트를 다녔다. 안타깝게도 나는 이 모습을 보며 미안한 감정이 아니라 나를 무시한다는 생각에 분노했다. 또한, 일상 대화에서도 나와 다른 주장을 하는 사람들에게 목소리를 높이며 무조건 내가 맞다며 윽박지르고, 정확하지 않은 정보를 가지고 무시하듯 말했다. 당연히 지인들은 떠나가고, 약속이 줄어들면서 집에 있는 시간이 늘어갔다. 늘어난 시간만큼 아내의 고통은 늘어가고 결국 흐느끼며 머리카락을 자르는 극단적인 상황까지 내몰렸었다.

변화의 과정 속, 나를 알기 위해 이 시기 화가 늘어난 이유를 깊게 고민했다. 상대방에게 화내거나 내 말이 인정되면 우위에 섰다는 느낌을 받았고, 별것도 아닌 것에 나를 무시한다는 생각을 가지며 살았다. 이때의 나는 목표, 미래에 대한 설계가 없이 게임만 하는 백수였기에 소리를 쳐서라도 잘난 사람처럼 보이고, 치부와 부족함을 숨기려고 했던 것이었다.

내 안의 빈 수레를 인정한 후 나의 가장 큰 부족함은 경제력이라 생각하며 어떻게 벌지를 고민했다. 그 고민 끝에 더 나은 경제력을 가지기 위해서는 교육과 도전이 필수라는 걸 깨닫게 되었다. 이후 고시원 사업과 상가 낙찰을 위해 관련 교육을 받았고 강의 내용을 최대한 실천에 옮겼다. 그 실천은 성과와 커다란 성취로 다가왔다. 현재는 새로운 목표를 위해 또 다른 교육으로 수레를 채워가고 있다.

'나의 수레에 무엇이 들어 있을까?'

나는 이 질문의 답을 반복적으로 감정이 격해지는 상황 속에서 찾았다. 나의 행동이 싸우는 상황을 끊임없이 만들었고, 욕하고 소리치는 행동은 '자격지심'에서 나왔다. 시간이 갈수록 목소리는 높아지고 빈도수도 많아졌고, 스스로 왜 화를 냈는지 몰랐다. '자격지심'이 무의식까지 깊숙이 들어가 있었고, 행동도 습관이 되었다. 즉, 내 생각과 행동이 불편한 상황을 반복적으로 만든 것이다. 그렇기에 자신에게 반복되는 상황을 보며 의식적으로 질문해야 한다. 그래야 원인을 찾을 수 있다. 원인을 찾았다면 삶을 변화시킬 기회를 찾은 것이다.

4
[오만]

마음만 먹으면
성공할 줄 알았던 큰 착각

"위대한 일은 결코 힘으로 이루어지지 않는다. 오직 작은 일들의 연속만이 길을 만든다."

- 『작은 습관의 힘』, 제임스 클리어

2022년 10월 말, 편의점에서 후회와 다짐의 눈물을 쏟았다. '오늘부터 변한다!' 마치 〈악마는 프라다를 입는다〉의 앤디, 〈월플라워〉의 찰리처럼 평범하게 살아오다 극적인 전환점을 맞아 삶을 완전히 바꾸는 주인공이 바로 '나'가 될 것이라는 확신을 했다. 그날 내 머릿속은 온통 화려한 미래로 가득했다. 해외여행을 다니고, 요트를 타며, 일하지 않아도 돈이 들어오는 시스템 속에서 사는 모습. 사람들에게 존경받고 TV에서 강연하는 성공한 자아의 모습까지. 이런 상상들은

'내가 누군데?! 나는 마음먹으면 무조건 하지!'라는 근거 없는 자신감에서 비롯되었다.

설레는 마음으로 계획을 세웠다. 성공한 사람들이 자주 언급하는 일과들이었다. 하루에 한 시간 독서, 주 4일 이상 운동, 그리고 신문 읽기. 이 모든 건 편의점에서 일할 때 게임하는 시간을 이것으로 대체하면 된다고 생각했다. 마치 옷을 갈아입는 것처럼 습관을 쉽게 교체할 수 있을 거라는 순진한 믿음이 있었다. 결심이 확고해지자 주먹을 꽉 쥐었다.

퇴근 후 곧바로 계획을 실천하기 위해 잠도 미루고 서점으로 향했다. 그때 나의 눈빛에는 어떤 장애물도 뛰어넘을 수 있다는 강한 의지가 담겨 있었다. 서점에 도착해 자기계발서 코너에서 책 한 권을 무작위로 고른 뒤 읽기 위해 의자에 앉았다.

불과 몇 분 후.

"저기요. 코 너무 골아요."

이 한마디에 당황해서 황급히 서점을 빠져나왔다. 분명 책을 폈다고 생각했는데, 어느새 잠들어 있던 것이다. 내게 흥미를 주지 못하는 책이어서 졸음이 왔다고 여겨, 다음날 서점에 가서 글자 수가 적은 책을 고른 후 다시 앉았다. 하지만 내용과 글자 수의 문제가 아니었다. 서점의 고요한 공간과 책에 대한 거부감이 내게 깊은 졸음을 불러일으켰고, 눈을 뜨면 언제나 주변 사람들의 따가운 시선이 느껴졌다.

책도 제대로 읽히지 않고 주변 눈치만 보게 되니 자연스레 서점 방문도 끊게 되었다. 독서를 향한 열정과 의지도 함께 사그라들었다. 일주일이 지난 후, 내 손에는 너무나 익숙한 자세로 게임이 켜진 핸드폰이 쥐어져 있었다.

'이러면 안 돼! 내일은 꼭 서점 가자.'

라며 다시 마음을 잡았다. 하지만 가지 않았다. 그로부터 일주일 후….

'이러면 진짜 안 돼! 내일은 무조건 서점 가자.'

또다시 일주일 후….

'이러면 진~~~짜 안 돼! 내일은 정말 무조건 서점 간다.'

헛된 다짐뿐이었다. 행동으로 옮기지 못하는 자신을 볼 때마다 서서히 자책감은 커졌고, 그 불편한 감정을 피하려고 게임에 더욱 몰두했다. 어느덧 약 한 달이라는 시간이 흘렀고, 운동과 신문 읽기는 시도조차 하지 않았다. 울면서 다짐했던 그 마음은 한 달 만에 모두 사라졌고, 아무것도 실천하지 못하는 '나'라는 존재 자체가 한심하고 싫어졌다. 내 나약한 의지력이 적나라하게 드러난 순간이었다.

누군가에게는 사소한 실패로 보일 수 있겠지만, 내게는 큰 의미가 있었다. 살면서 미래를 위해 스스로 다짐하고 계획했던 일이 처음이었기 때문이다. 이 좌절 이후, 나는 그 아픔을 피하고 싶었던 걸까? 아니면 그저 잊고 싶었던 걸까? 어느 때보다도 게임에 빠져 현실을 회피했다. 나의 실패를 직면하는 대신, 가상의 세계에서 위안을 찾았다. 두 달의 시간은 흘러 2023년이 되었다. 첫 좌절 이후, 나는 긍정 확언을 통해 천천히 변화하기 시작했다. 이때까지만 해도 책에는 눈길도 주지 않았는데, 우연히 본 유튜브 쇼츠를 통해 독서 접근 방법을 알게 되었고, 실천하면서 책을 읽게 되었다.

나는 삶을 너무 쉽게 생각했다. 성공도 하루아침에 이룰 수 있다고 여겼고, 성공한 사람들의 보이지 않는 노력과 끈기를 가볍게 여겼다. 독서라는 작은 습관 하나 들이는 것조차 쉽지 않았는데, 어떻게 거대한 성공을 단번에 이룰 수 있을까?

이제 나는 독서를 일상의 일부로 즐기며 살아가고 있다. 첫 좌절을 통해 배운 가장 큰 교훈은 거창한 계획보다, 작지만 지속 가능한 실천이 중요하다는 것이다. 이런 작은 변화들이 새로운 사업 기회를 발견하게 해주었고, 지금은 그 가능성을 향해 한 걸음씩 나아가고 있다. 다음 장에서는 내가 어떻게 좌절을 이기고 새로운 기회를 발견했는지 구체적인 방법을 공유하려 한다. '마음을 다시 잡았다.', '목표를 잘 세웠다.' 같은 추상적인 방법이 아닌, 실제로 적용할 수 있는 구체적인 방법들을 담았으니 꼭 삶에 적용해 보길 바란다.

나를 일으킨
성장의 5가지 비밀

1
[확언]

이룬 것처럼 말하자
삶도 움직였다

"생각은 말이 되고, 말은 행동이 되고, 행동은 습관이 된다. 결국 우리가 내뱉는 말이 우리의 운명을 만든다."

- 『성찰록』, 마르쿠스 아우렐리우스

"고마워, 알고리즘."

첫 좌절을 회피하며 게임에 빠진 채 2023년이 됐다.
가끔 '이대로 살면 안 되는데…'라고 생각했지만, 도저히 방법이 떠오르지 않았다. 다시 억지로 독서를 시작해도 실패할 것이라 단정 지었고, 자책하기 싫었다. 그 상황을 해결해 준 건 다름 아닌 유튜브 알고리즘이었다. 변화를 목표로 했을 때, 어떠한 책을 읽을지, 성공한 사람들은 어떻게 사는

지 등을 검색했던 알고리즘이 남아 쇼츠에 자기 계발에 관한 내용들이 계속 나왔다. 나는 '이거라도 보자.' 식으로 보기 시작했고, 볼 때 성취나 성공의 생각은 일절 없었다. 그냥 짧고 부담이 없어 편안하게 보게 되었고, 보다 보니 나름 재미있어서 일할 때 자연스럽게 틀어 놓았다. 그러던 중 개그맨 고명환의 쇼츠가 나의 귓가에 맴돌았다.

"긍정 확언"
: 원하는 걸 이뤘다고 끊임없이 말해 무의식을 바꾸면, 노력하게 된다는 방법

확언하는 것은 책을 읽는 것보다 부담스럽지 않고, 지금 당장 할 수 있는 것이기에 쉽게 다가왔다. 그래도 마음 한편에 '정말 효과가 있을까?'라는 의심이 남아 있었다. 그래서 사례를 검색해 보았다. 짐 캐리는 "나는 엄청난 성공을 거둔 배우다."라고 매일 외치며 지갑에 1,000만 달러짜리 가짜 수표를 넣고 다녔다고 했다. 윌 스미스 역시 "나는 위대한 배우가 될 것이다."라고 매일 같이 자신에게 되뇌었다고 했다. 그 순간 나는 의심이 풀릴 때까지 기다리지 않기로 했다. '아무것도

하지 않는 나보다. 성공한 사람들의 방식을 하나라도 따라 하는 내가 더 나을 거야.' 그렇게 생각하며 그냥 시작했다.

어떠한 문장을 확언으로 할까? 고민하다가 지금까지 돈을 모아본 적이 없었기에 "2023년 2천만 원을 모았다."와 "7년 안에 100억 자산가가 됐다."로 결정했다. 두 문장을 직접 적어서 화장실 거울, 집안 모든 문, 자동차 핸들, 자주 쓰는 신용카드에 붙였고, 사진을 찍어 핸드폰 배경으로 한 뒤 보일 때마다 소리 내서 읽었다. 또한, 편의점에서 화장실 갈 때, 물건 정리할 때 계속 중얼거렸다. 2주 정도 지나니 잠에서도 외치고 있었다. 수없이 내뱉은 확언은 자연스럽게 나의 무의식으로 들어갔다. 결과부터 말하자면 2023년 말 2천만 원은 통장에 찍혔다. 첫 번째 확언이 이루어진 것이다. 두 번째 확언은 아직 7년이 되지 않아 결과를 알 수 없다.

긍정 확언에 대해 적지 않은 사람들이 의심한다. 나도 1달 정도 지난 후 '될까?'라는 생각을 잠시 한 적이 있지만 5개월간 지속하면서 확실하게 느낀 것이 있다. 언제 어디서나 얼마든지 실행할 수 있다는 것이다. 그리고 확언을 내뱉을수록, 의식이 변화되어 현실이 되기 위한 실제적 방법을 찾고 고민하게 된다는 것이다. 물론 생각을 행동으로 옮겨야 변화가 가능하다.

나는 "2023년 2천만 원을 모았다."를 확언할수록, 이를 실현하기 위한 구체적인 방법을 순차적으로 그려가기 시작했다.

'돈을 모으기 위해서는 어떻게 해야 하지?'
- 지출과 수입의 변화가 필요하다.

'나의 수입, 고정비, 변동비는 얼마지?'
- 수입은 190(편의점) + 40(라이브커머스) + 120(부모님 용돈 및 보험, 폰 비용)
  진정한 독립을 위해 120만 원은 그만 받자! 그러면 총 230만 원.
- 고정비는 전세 대출이자 50, 관리비 30, 폰과 보험 60 / 총 140만 원
- 변동비는 배달 음식 70, 흡연 시 음료수 10, 기타 50 / 총 130만 원
※ 수입 총 230만, 지출 총 270만으로 매달 40만 원 손해

'변동비 중 줄일 수 있는 걸 찾자.'
- 배달 비용, 흡연 시 음료수 구매 비용
- 배달 30, 흡연 시 음료수 비용을 텀블러와 스틱 음료로 대체
※ 약 50만 원 절약

'고정비 중 줄일 수 있는 걸 찾자.'
- 나에게 과분한 집으로 인한 이자, 많이 쓰지 않는 폰 요금제
- 이자는 5개월 뒤에 현재 계약이 종료되니 버팀목 대출이 되는 집으로 변경 후 이자율과 비용을 낮추자(현재 집은 조건에 맞지 않아 불가/현 이자율은 시중 은행 대출로 높다)
- 폰 요금제는 중간 단계로 변경
※ 이사 후 고정비 25만 원 절약, 줄어든 관리비로 10만 원 추가 절약

'이제 수입을 고민해 보자.'
- 아르바이트 하나를 더 늘릴까? : 가족과의 시간이 더 중요
- 일반 회사로 취직? : 경력직이 아니므로 현재 상황과 비슷

– 사업을 해볼까? : 어떤?

'시간을 활용할 수 있는 사업과 투자는 무엇이 있을까?'
 – 무인 문방구? 무인 카페? 디저트 카페? 요식업? 인터넷 쇼핑몰?
 – 부동산 경매? 주식? 코인?

여기에 적은 사업들을 수많은 검색과 관련 프랜차이즈 창업 담당자들에게 전화를 돌리며 비교하고 알아보았지만 무엇하나 선택하지 못했다. 정작 내가 돈을 얼마 벌고 싶은 것인지, 돈만 벌고 싶은지, 성장하고 싶은 것인지, 사업을 통해 어떠한 걸 얻고 싶은지 등 기준 자체가 없었기 때문이다.

결국 '내가 중요시 생각하는 것은?!'이라는 생각까지 파생되고 지금까지 홀대했던 가족과의 시간, 삶의 경험이 가장 중요하다는 결론을 내렸다. 부에 대한 쇼츠를 통해 진정한 부는 3F(Freedom, Family, Fitness)임을 깨닫고, 이 부분을 의식하며 고민해 보니 가족과 같이 있어도 나 혼자였던 모습이 떠올랐다. 게임, 잠, 화만 내던 내가 만든 '우리 가족의 모습'이기에 후회스러웠다. 또한, 지금까지 진정한 사회 경험, 도전들이 없었기에 어떠한 경험이든 필요하다고 느꼈다. 생각과 생각의 꼬리를 물면서 내가 선택한 사업은 고시원이다. 월세를 받으며 가족과 많은 시간을 보낼 수 있고, 인테리어, 고객 응대, 시설 관리, 서비스 등 종합적으로 경험하면서 유동적으로 시간을 활용해 추후 다양한 걸 배울 수 있겠다는 생각이 들어 선택했다.

이것이 긍정 확언으로 인해 조금씩 변화한 나의 모습이다.

수입과 지출에 관심을 가지지 않았던 내가, 긍정 확언을 하면서 찾게 되는 방법과 실천을 통해 85만 원의 지출을 줄였고, 더 나은 수입을 위해 고민했다. 지출을 줄인 작은 성공은 나에게 생각보다 큰 성취감으로 다가왔고, 아무것도 못 하는 사람에서 무언가를 할 수 있는 사람으로 변하게 만들어 줬다.

긍정 확언은 한번 한다고 되지 않는다. 시간 날 때마다 하니 나중에는 안 하면 입이 간지럽고 꿈에도 나왔다. 말을 내뱉을수록 무의식까지 들어가면서 자연스럽게 실천 방법을 찾기 시작하고 행동으로 옮기자, 성장도 시작되었다. 우리의 성장은 우리가 내뱉는 말, 반복되는 말을 통해서도 이룰 수 있다. 무언가를 원한다면 무의식이 방법을 찾을 때까지 편하게 내뱉어보자.

2
[독서]

서점의 냄새 속에서
습관이 자랐다

"습관은 한 번의 거대한 결심이 아니라, 매일의 작은 선택에서 시작된다."

- 『아주 작은 습관의 힘』, 제임스 클리어

"나는 독서를 위해 다시 한번 독하게 마음을 먹었고, 모든 유혹을 견디며 읽었다."

흔히들 굳은 의지, 집념을 통해 원하는 목표를 달성했고, 할 수 있다고들 한다. 이 말도 일리는 있으나, 나에게는 해당하지 않는 말이다. 긍정 확언을 통해 작은 성장을 이뤄갔지만, 만화책도 그림만 봤던 나에게는 독서란 여전히 너무나 먼 세계의 이야기였다. 아예 책을 읽을 생각조차 없었다. 그

대신 책보다 간편한 성공에 관한 쇼츠를 매일 봤다. 그러던 중 긍정 확언과 같이 내 귓가에 박힌 내용이 있었다.

"작게 시작하라, 당신의 뇌가 신경 안 쓸 정도로."

- 『아주 작은 반복의 힘』, 로버트 마우어

예시로 독서 습관을 들이는 방법이 나왔다. 먼저 책을 한 페이지만 읽는 것, 만약 안 되면 더 쪼개서 한 줄만, 그것도 안 되면 서점에 가서 구경만 반복적으로 하면서 서서히 책과 가까워지라는 이야기였다. 즉, 습관을 이루고자 할 때 작게 나누고 반복한다는 쇼츠였다. 이 내용은 몇 개월이 지나서 관련 책을 읽으며 원리를 이해하게 되었는데, 이때의 나는 이해하거나, 의미를 찾지 않고 성장을 위해 뭐라도 해야 했기에 그냥 했다. "뇌가 신경 안 쓸 정도로."의 자세한 내용은 Chapter 3에서 더 자세히 다룰 예정이다.

실천을 위해 퇴근 후 서점에 갔다. 예전과 다른 점이 있다면 '1시간은 무조건 읽는다!'라는 생각에서 '그냥 책 냄새나 맡고 오자.'는 식으로 생각이 달랐다. 신기하게도 욕심을 내려놓고 가서 그런가? 그날은 도착하자마자 책 냄새와 페이지를 넘기는 소리가 산뜻하게 들려왔다. 서점의 냄새는 과거 좋아했던 만화책 방 냄새 같았다. 책장 넘기는 소리는 드라마 주인공처럼 창가에 앉아 반짝이는 햇살을 받으며 책 읽는 모습을 떠오르게 했다. 마음은 편안해지고, 괜히 분위기를 잡고 싶어서 아무 책을 잡고 넘겨봤다.

그렇게 놀러 가는 마음으로 며칠간 서점을 다니던 중 재미난 일이 생겼다. 너무나 자연스럽게 한 줄을 읽고 있는 것이 아닌가. 내가 책을 읽었다는 알딸딸한 기쁨이 올라왔다. 보던 책을 그대로 구매하고 편의점에서 1차 물류 정리(새벽에 두 번 물류가 들어왔다) 후 한 줄씩 보기로 했다. 감사하게도 생각대로 한 줄씩 읽혔고, 1주일 뒤 두 줄이 되고, 또 시간이 지나 두 줄이 한 페이지가 되었다. 차근차근 늘어가는 독서량에 습관이 잡혔다는 생각이 들었다.

어느 날 한 번에 읽는 양을 확 늘린 적이 있었는데, 그날은 책이 눈에 들어오지 않았다. 다시 욕심을 버리고 작게 쪼개서 읽었고, 매일 차근차근 늘려갔다. 두 달이 지난 뒤 나는 매일 한 시간씩 읽게 되었고, 드디어 해냈다는 생각에 독서가 즐거워졌다.

이때는 알지 못했다. 이 성장이 새로운 변화와 기회를 만들고 그것들이 누적되어 2년도 채 되기 전 독서 모임, 사업자 모임에 참여하고, 경매 낙찰, 공간대여 사업 등을 하는 지금의 나로 만들어 줄 것이라고.

3
[변화]

자기계발서를 내려놓자 길이 열렸다

"나는 처음에는 다른 사람을 흉내 냈지만, 끝내 나 자신을 발견했다."

- 모차르트(전언)

"그래서 어떻게 하라고?!"

독서에 습관이 생기고 난 뒤 부에 관한 자기계발서만 수개월 읽었다. 처음에는 그들의 생각과 상황이 신기했고, 새로운 깨달음을 얻는 것 같아 마냥 즐거웠다. 하지만 읽을수록 알 수 없는 혼란이 다가왔다. 프롤로그를 보면 어린 시절의 가난함, 빚, 본인은 멍청했다, 산만했다, 중퇴, 가정폭력, 알코올 중독, 도박 중독, 부모, 노숙자 생활 등등 이겨낸 이야기들이 항상 있었다. 어려운 상황을 이겨내고 성공한 모습을 통해 우리에게 할 수 있다는 것을 보여주기 위한 것인가? 아니면 더 자극적으로 관심을 유도하는 것인가? 그것은 모르겠다.

하지만 "나"에게는 아무런 공감과 동기부여가 되지 않았다. 나의 세상은 평온 그 자체였기에 오히려 읽으면 읽을수록 불행한 삶이 없어서 성공을 못 한 것 같은 느낌까지 받았다. 결국 부모님이 가난했더라면, 문제 있는 가정이었다면 '나는 성공했을 거야.'라는 철없는 생각까지 하게 됐다.

혼란 중에 가장 나를 어렵게 만든 건 추상적인 방법들이었다. 성장을 위해 상세하게 알려줬으면 좋겠는데 단순히 '주변을 바꿔라.', '편견을 버려라.' 등 이해는 하지만 명확한 방법이 없어 허울 좋은 빈껍데기처럼 들렸다. 또, 어떤 책은 '1만 시간을 투자해라'처럼 어마어마한 노력을 강조하는 반면에, 다른 책은 '적은 노력으로도 큰 결과를 만든다.' 같이 단기 성과에 집중하여 무엇이 맞는지 혼란스러웠다.

그뿐만 아니라 비슷한 내용과 봤던 사례가 그대로 다른 책에 있는 걸 보며, 단순히 짜깁기를 통해 자기계발서가 출판된다고 느껴졌다. 그러자 새로운 책을 구매하기 전부터 '이 책도 비슷하겠지?'라는 편견을 가지며 읽게 됐다. 만약 읽는 중간에 비슷한 이야기가 나오면 '역시 또 같은 내용이네.'라는 실망으로 책을 덮었다. 마치 투자와 사업을 해본 적 없는 사람이 '투자는 ○○다.', '사업은 ○○이 중요하다.' 식의 쉽게 내뱉는 말처럼 보여 거부감까지 들기 시작했다.

결정적으로 멀어진 이유는 바로 '과부하'다. 책의 내용을 무작정 따라 했는데, 먹고 자는 것까지 모두 바꿔야 할 정도로 너무나 많았다. 목표 100번 100일 쓰기, 하루 한 시간 운동과 독서, 글쓰기, 취침 전후로 명상, 스트레칭, 확언 외치기, 식사 시 영양에 맞춰 먹기, 충분한 취침, 말하기 전 3초 생각, 생각이 맞는지 생각, 목표 상상 등. 처음에는 곧잘 따라 했지만, 방대한 양을 견디지 못하고 그만뒀다.

결국 수개월간 읽던 부에 관한 자기계발서들을 내려놓았다. 그 후 편안하게 독서의 습관을 이어가고자 자아 성찰 쪽으로 방향을 틀었다. 명상, 마음을 달래는 책들을 보면서 나는 자기 계발의 본질을 이해하지 못한 채 불나방처럼 달려들었다는 걸 깨달았다. 지금까지 자기 계발이란 '부를 축적하고 사회적 성공을 이루는 것'이라는 그릇된 인식에 사로잡혀 있던 것이다. 그들이 이룬 '부의 크기'를 그저 부러워했으며, 빠르게 부를 축적하기 위해 무작정 따라 했음을 뒤늦게 알게 되었다.

그렇다고 수개월 동안 읽은 부에 관한 자기계발서가 도움되지 않았다는 것은 아니다. 돌아보면 독서는 예상보다 훨씬 큰 영향을 내 삶에 가져왔다. 특히 『부의 추월차선』에서 소개된 "부의 요소: 3F(Family, Freedom, Fitness)"는 쇼츠로 먼저 접했던 내용이라 반가운 마음에 상세히 읽었다. 가족의 중요성을 생각하는 계기가 되는 내용이었고, 이후 내 가정생활을 완전히 바꿔놓았다.

과거 내가 목소리를 높일 때마다 아내는 움찔하며 겁을 먹었고, 아들은 내가 다가가기만 해도 울며 도망갔다. 내가 그동안 가족을 등한시했음을 깨달은 뒤 나는 가족의 화목을 최우선으로 여기기 시작했다. 이제는 아내와 웃으며 대화하고, 아들이 먼저 다가와 "아빠 놀자!"라고 요청하는 행복한 가정을 만들 수 있었다.

편의점 평일 새벽 일을 하면서 나는 점차 "자유"의 소중함을 절실히 깨달았다. 공휴일에도 평일이라면 쉬지 못하고, 아침에 잠을 자려 해도 주변의 공사 소리, 이사 소음, 놀이터에서 뛰노는 아이들의 소리로 제대로 된 휴식을 취하지 못했다. 떨어진 수면의 질로 인해 수면 시간은 계속 늘어나고, 가족과의 시간은 줄어들었다. 내 삶의 자유는 새벽 일에 종속되어 점점 사라져 갔다. 이런 경험이 역설적으로 내게 시간을 자유롭게 활용할 수 있는 사업을 찾게 하는 원동력이 되었다.

편의점에서 일하며 '돈을 소중히 하지 않으면 떠난다.'라는 실질적인 교훈도 얻었다. 어느 날 담배를 사러 온 손님이 모든 주머니를 뒤적거린 끝에 구겨진 5천 원 지폐를 내밀었다. 그때 만 원짜리 한 장도 함께 바닥에 떨어졌다. 그는 전혀 눈치채지 못했고, 내가 주워서 쫙 편 뒤 돌려줬다. 하지만 그 만 원짜리는 다시 구겨진 채 주머니로 들어갔다. 그 순간 '돈도 자신을 소중히 여기지 않는 주인에게서 떠나고 싶어 하는

구나.'라는 묘한 깨달음을 얻었다. 그 후로 나는 모든 돈을 지갑에 정성껏 넣고, 소중히 다루기 위해 노력하고 있다.

그리고 자기계발서에서 흔히 강조하는 '도전'과 '두려움을 마주하는 자세'라는 말과 의미는 특별히 와닿지 않았다. 그 시기에는 딱히 목표가 없었기 때문이다. 그럼에도 왠지 멋있어 보여서 내 방 벽에 적어두었다. 이 무의미하게 적혀있던 문구들은 고시원 사업 강의를 들을 때 불현듯 의미를 갖기 시작했다. '그래 일단 도전해 보자. 두려워하면 아무것도 못 한다.'라는 결심으로 막막함과 두려움을 넘어 한 발 내디뎌 보기로 했다. 결국 총 6주의 강의 과정 중 3주 차에 망설임 없이 사업 계약을 진행했고, 이 경험을 통해 나는 도전과 두려움을 피하지 않는 태도의 중요성을 알게 되었다. 덕분에 경매, 새로운 공간대여 사업, 글쓰기, 강사 활동 등 하고 싶은 일들에 주저 없이 도전하고 있다.

가장 흥미로운 것은 '내려놓음'을 통해 보이는 세상의 새로운 면모다. 성공에 대한 집착을 내려놓고, 다양한 주제의 책들을 읽으며 '다름'과 '나 자신'에 대해 깊이 생각하게 되었다.

성공한 사람들의 기질이나 어린 시절 가난으로 인한 결핍과 욕구가 나와는 다르다는 것을 이해하면서, 자연스럽게 '나의 결핍은 무엇인가? 나의 진정한 욕구는 무엇인가?'라는 질문을 던지게 되었다. 이제 나는 남의 성공 방식을 맹목적으로 따르기보다 나에게 맞는 방식을 찾아 자기계발서를 더 편안하고 다양하게 받아들이고 있으며, 그 과정에서 나를 근본적으로 변화시킨 12가지의 소중한 깨달음을 얻게 되었다.

4
[통찰]

다독보다
실천이 답이었다

"행동 없는 지식은 무의미하고, 지식 없는 행동은 위험하다."

- 알바 알바레즈

처음 자기 계발을 시작했을 때, 나는 책 읽기라는 낯선 목표에 도전했다. 여러 시행착오 끝에 책 읽기 습관을 갖게 되었고, '나도 할 수 있다.'라고 확신하게 되었다. 할 수 있음과 독서의 습관을 이어가기 위해 새로운 목표를 세웠다. "1달에 책 10권 읽기". 나는 책을 읽으면서 새로운 깨달음이 머릿속에 들어오는 느낌에 희열을 느꼈다. 마치 성공한 사람들의 비밀을 하나씩 발견하는 것 같았다.

'이론이 쌓이면 쌓일수록 금방이라도 성공할 수 있을 거야.'

이런 생각으로 독서에 욕심이 생겼다. 매주 2권씩 구매했고, 다독을 내 인생의 중요한 목표로 삼았다. 목표 달성에 성공하자 스스로가 자랑스러웠다. 나는 성공한 부자들처럼 매일 책을 읽고, 그들의 생각과 방법론을 내 머릿속에 채워 넣고 있으니 빠른 시기 안에 부자가 될 것이라 믿고 있었다. 하지만 내 심리 상태를 제외한 모든 것은 여전히 제자리였다.

"왜 아무것도 변하지 않는 거지? 아직 이론이 부족한 건가?"

의문이 들었지만, 해결책은 '더 많은 책'이라고 생각했다. 매주 2권에서 3권으로 독서량을 늘렸다. 그런데도 여전히 제자리걸음이었다. 비슷한 내용, 추상적인 방법, 거기에 변하지 않는 "나"를 보며 뭐 하러 읽나 싶었다. 그 다양한 지식을 흡수하면서도 아무것도 변하지 않는 현실에 답답했다.

"왜 그대로일까?"

답을 찾기 위해 '효과적인 독서법'에 관한 영상들과 인터넷을 찾아보았다. 그중 한 문장이 내 마음을 강하게 두드렸다.

> "책을 읽는 것은 씨앗을 심는 것이다. 그러나 행동하지 않으면 꽃을 피울 수 없다."
>
> - 에픽테토스

그제야 깨달았다. 나는 책의 내용을 곱씹어 생각해 본 적도, 실천한 적도 없었다. 그저 책 속 정보를 머릿속에 쌓아두기만 했을 뿐이었다. 목표는 오로지 '몇 권이나 읽었는가.'에만 집중되어 있었다. 이 깨달음을 얻은 후, 나는 다독을 멈추고 실천에 집중하기 시작했다. 책에서 배운 방법들을 하나씩 시도해 보기로 했다. 미라클 모닝, 감사 일기 쓰기, 하루 계획 세우기, 신문 읽기 등 모든 것을 한꺼번에 시도했다. 그러나 결과는 더 큰 좌절이었다.

"아, 지친다. 그들은 잘하는데, 왜 나만 힘든 거지?"

책 속 저자들은 마치 모든 것을 쉽게 해낸 것처럼 묘사했는데, 나는 왜 힘들고 해내지 못하는지 이해할 수 없었다. 모든 방법을 동시에 실천하려니 거부감이 들었고, '이 많은 걸 다 해야만 성공한다면, 나는 평생 성공하지 못할 것'이라는 두려움이 밀려왔다. 절망 속에서 우연히 접한 책 『원씽』이 내게 전환점이 되었다. 이 책은 완전히 다른 접근법을 제시했다.

"성공적인 사람들의 비밀은 모든 것을 다 잘하는 것이 아니라, 한 가지에 집중하는 것이다."

 이 통찰이 내 접근 방식을 완전히 바꿔놓았다. 잠시 독서를 내려놓고 나에게 필요한 한 가지를 찾았다. 먼저 과도한 욕심으로 지쳐 있던 마음을 달래는 명상의 필요성을 느꼈다. 한 달간 다른 것은 신경 쓰지 않고 오직 취침 전후로 딱 5분씩 명상에 집중했다. 점차 마음의 여유가 생기기 시작하면서 자연스럽게 "나 자신"을 돌아보게 되었다.

 명상 습관이 안정되자, 그다음으로 독서의 질에 집중했다. 양이 아닌 깊이 있는 독서를 위해 한 권을 읽고 나면 가장 와닿았던 딱 한 가지만 포스트잇으로 붙여놓고 바라보았다. "좋은 아침!" 같은 생활 속 언어는 바로 실천했고, "목표"에 관한 건 기억하기 위해 적어놓았다. 이전에는 한 달에 10권을 읽었지만, 이제는 2-3권만 읽어도 훨씬 더 많은 것을 얻게 되었다. 차근차근 한 가지씩 변화시켜 나가면서, 명상, 독서, 글쓰기, 운동, 관점의 변화가 자연스럽게 내 삶에 들어왔다. 놀랍게도 이전보다 훨씬 적은 노력으로 더 많은 변화를 경험하게 된 것이다.

이제야 진정한 성장이 무엇인지 깨달았다.

그것은 단순히 많이 읽는 것보다, 단 한 가지라도 실천하며 쌓아가는 것이 변화에 있어 더 중요하다는 점이다.

5

[성찰]

변화는 나를 아는 데서
시작된다

"삶의 가장 중요한 과제는 자신을 아는 것이다. 그것이야말로 모든 변화의 출발점이다."

- 『소크라테스의 변명』, 플라톤

1. 나의 기질

"못났던 나도 했으니, 당신도 할 수 있다."

내가 자기계발서를 보면서 가장 불편하게 느꼈던 문구다. 동기부여를 주기 위한 의도였겠지만, 나는 못난 사람보다 더 못난 사람이 되는 느낌이었다. 오히려 부정적인 시선으로 '말 쉽게 하네?! 당신과 나랑 다른데!'라는 생각까지 했다. 이 시기 MBTI로 서로의 성격이 다름을 어느 정도 이해하고 인정하는 문화가 있었는데, 이것이 내게 깨달음을 주었다. 바로 저자와 나의 "다름"을 인정하는 것이었다.

상대방과 다름을 알기 위해서는 "나 자신"을 알아야 했다. 그래서 나는 '나는 누구인가?'를 질문하기 시작했다. 하지만 너무 광범위했다. 지금까지 살아온 34년간 있었던 모든 일들과 선천적인 기질이 합쳐져서 지금의 "윤주한"이 있기에 정의를 딱! 내리기 쉽지 않았다. 어떠한 질문을 해야 하는지 고민하는 와중 아들의 교육을 위해 아내와 항상 보던 오은영 박사의 〈요즘 육아 금쪽같은 내 새끼〉라는 프로그램에서 찾게 되었다. 오은영 박사가 많이 언급하는 단어 "기질", "결핍", "욕구" 이 세 가지가 귀에 들어왔고, 나는 이 세 가지를 중점으로 각각 하나씩 찾기 위해 방법을 찾았다.

질문의 방법은 어렵지 않았다. 과거 운전 중 잘못된 습관으로 싸움이 자주 일어난 것을 토대로 나의 부족함을 찾았듯, 과거 반복된 상황을 생각하며 나의 기질을 찾으려 노력했다. 또한, 긍정 확언처럼 육성으로 "나의 기질은 무엇일까?"를 계속했다. 하루 만에 찾으려고 욕심부리지 않고 며칠을 계속하다가 우연히 같은 TV 프로그램에 나온 "금쪽이"를 통해 나의 기질을 알게 됐다. "동생에게 폭력적"이라는 주제로 나온 금쪽이는 친구들, 가족과 문제가 없는데, 유독 동생과 문제가 있었다. 특히 기어다니는 동생이 본인의 장난감을 만지고 방으로 들어올 때 밀치고 때리는 행동을 했다.

나는 이 부분에서 소름이 돋았다. 어릴 적 누나가 내 방에 들어왔을 때와 사촌들이 나의 장난감을 허락 없이 가지고 놀 때마다 울며 짜증을 냈던 나의 모습과 너무나 같았기 때문이었다. 그리고 그럴 때마다 부모님은 "양보해야지. 같이 놀아야지." 말했고, 이 말을 어쩔 수 없이 따르는 금쪽이의 모습조차 천상 나였다.

모든 영상을 본 오은영 박사는 금쪽이가 "폭력적인 아이는 아니에요. 다만, 개인 시간과 장소에서 안정감을 느끼고 그것을 중요시하는 기질입니다."라고 말했다. 동생(2살)을 밀친 이유는 자신의 공간(방)과 시간을 허락 없이 침범당하면서 불안감이 올라갔고, 그로 인해 자신의 것을 지키려는 방어 본능에서 비롯된 행동이라는 결론에 이르렀다. 해법 역시 일정한 개인 시간과 공간을 주는 것이었다. 이후 금쪽이는 보다 밝아졌고, 동생과도 사이좋게 노는 모습이 나오며 끝이 난다.

프로그램과 질문 덕분에 나는 나의 기질을 알게 되고, 성인 때 이 기질로 인한 상황을 찾아봤다. 그러자 바로 첫 회사 생활이 떠올랐다. 수질 기사로 폐수처리장에서 일할 때 32평형 아파트에서 기숙사 생활을 했었다. 방 3개에 각각 3명씩 거주하며 지냈다. 그 시기 나는 방에 들어가면 알 수 없는 답답함에 숨이 막혔다. 퇴근 후 항상 피시방에서 자정까지 있거나 다른 사람들이 잠들기 전까지 기숙사 앞 정자에 앉아 있었다. 이렇게 1년을 생활하며 짜증은 갈수록 늘어갔다. 이 짜증은 직장 동료들에게 향하게 되면서 다툼도 늘어가고, 결국 퇴사로 이어졌다.

당시 수질 환경 쪽에서 국내 1~2위를 다투는 대기업이고, 대학 친구들은 이 회사에 취업하고 싶어 했다. 들어가기 쉽지 않은 회사였기에 부모님은 말리셨지만 "여기 있으면 행복하지 않아. 엄마 나 행복하고 싶어….”라는 말과 함께 퇴사를 진행했다. 여담이지만 그때 어머님께서 행복하지 않다는 아들의 마음도 모르고 퇴사를 말렸던 본인의 모습에 미안해하면서 집에서 많이 우셨다고 누나한테 들었다.

만약 이때 "나 자신"의 기질을 알고 있었다면 그때만큼 힘든 생활을 했을까? 화살이 회사로 향해 있었을까? 아마 근처 원룸을 구해 개인 장소에서 오롯이 나만을 위한 공간과 시간을 보내며 심리적으로 편안하게 다녔을 것이다. 회사 업무적으로나 급여 부분에서 나름 만족스러운 곳이었기에 더 다녔을 수도 있다. 확실한 건 적어도 예전보다 스트레스를 받지 않았을 것이다.

현재는 매일 개인적인 시간을 항상 가지고 있다. 아들과 22시까지 놀고 난 후 핸드폰 없이 나가서 명상, 산책, 사업, 해야 할 일, 하고 싶은 일, 스트레스 등을 생각한다. 골똘한 생각에 잠기지 않아도, 개인 시간을 가지면 편안해진다. 세상과 단절되어 사는 게 아니라 하루에 1~2시간 나만의 시간이 꼭 필요한 기질. 이것이 "나"의 선천적인 기질 중 하나다. 하나의 기질로만 "나 자신"을 전부 얘기할 수 없지만 한 가지 변화만으로도 나는 여유가 생겼다. 덕분에 내면의 화, 짜증이 가라앉으면서 과거보다 평온한 일상을 누리고 있다.

 기질을 찾는 방법은 의식적으로 '나의 기질이 무엇일까?'라는 질문 반복하기다. 매일 자문자답을 하면서 쉽게 지나칠 수 있는 상황에서도 '나'를 발견하게 되었다.

2. 결핍과 욕구

① 관심 욕구로 만들어진 요상한 "나"

 나의 기질을 알게 되면서 자연스럽게 과거의 일들이 해석될 줄 알았지만 그렇지 않았다. 내가 좋아했던 사람들에게 못되게 군 일들, 거짓말들, 일명 요상한 행동들 등 이해가 되지 않는 부분이 많이 있었다.

 '왜 그랬을까?'

 과거를 거슬러 올라가면서 유독 기억에 남는 세 가지 사건이 있다. 맞벌이 부부셨던 부모님은 집에 잘 안 계셨다. 초등

학교 2학년 때 아파트 베란다에 물을 틀고 있으면 몇 시간 만에 물이 찰까? 라는 순수한 궁금증이 있었다. 그래서 실험을 위해 모든 문을 닫고 수도꼭지를 열었다. 창틀 구멍과 틈을 생각하지 못해 몇 분 뒤 그 사이로 물이 넘쳐흐르기 시작했다. 1층에 있던 경비아저씨가 떨어지는 물을 보고 집에 찾아왔다. 유아 때부터 집안에 어른이 없으면 문을 절대 열어주지 말라는 교육으로 집에 없는 척했다. 잠시 후 회사에서 연락을 받은 엄마가 부리나케 집에 왔다. 물난리는 마무리되고 그날 엄마에게 혼난 기억은 흐릿하게 남아 있다. 하지만 그 시간에 볼 수 없었던 엄마가 현관문을 열고 들어오는 모습은 아직도 생생하고, 달려가 끌어안으며 행복해하던 추억은 지금까지도 뚜렷하다.

다른 한 가지는 중학교 때 갑자기 떨어진 성적 때문에 엄마가 학교에 오신 적이 있었다. 엄마에게 한참 꾸중을 들었지만, 그것은 뒷전이었고 집으로 가는 길에 엄마와 함께 먹었던 컵떡볶이가 오히려 추억으로 남았다. 그 후 나는 일부러 성적을 더 떨어트려 일부러 엄마를 오시게 했다. 이뿐만 아니라 나는 관심을 받기 위해 일명 요상한 짓(?)을 수도 없이 했던 기억이 있다.

 관심 욕구는 사춘기 이후 나에 관한 관심이 떨어지거나 멀어진다고 느껴지면 공격적으로 변했다. 고등학교 3학년 때 잘해주신 담임 선생님이 계셨다. 그분에게 잘 보이기 위해 주번이 아님에도 청소하고 잘 따랐다. 그러던 중 선생님이 결혼식 준비로 "나"에게 관심이 멀어지는 느낌이 들었다. 멀어진 선생님의 관심을 돌리기 위해 크고 작은 일탈을 했다. 일부러 수업 시간에 떠들기, 쪽지 던지기, 야간자율학습 무단이탈, 주번 활동 도망 등 철없이 행동했다. 처음에는 교무실에 불려 가서 원하던(?) 상담 시간을 보냈지만, 반복되는 반항과 돌발행동으로 참으시다가 결국에는 나를 내려놓으셨다. 그때는 잘못된 행동이라 생각하지 않았고 오히려 선생님을 원망했다.

 15년 이상 지난 지금, 이제야 "나"를 돌아보면서 관심 결핍과 욕구를 충족하기 위해 좋지 않은 행동을 했다는 걸 알게 되었다. 현재는 요상한 행동을 한다는 생각이 들면 순간적으로 멈추고 눈을 감고 있다. 스스로 행동의 이유를 찾고 있다.

이와 같이 관심 결핍과 욕구가 부정적인 행동으로 이어지지 않게 노력하자, 오히려 나 자신이 편안해지고 있다.

② 인정 욕구로 만들어진 "거짓말쟁이"

어려서부터 '머리가 좋고 똑똑하다.'라는 말과 학창 시절 항상 전교 1등 하시던 엄마를 닮아 '공부 잘하겠다.'라는 말을 정말 수도 없이 들었다. 하지만 그 말들은 비교로 느껴졌고, 부담으로 다가왔다. 들으면 들을수록 공부라는 단어에 진절머리가 났다. 그럼에도 엄마에게는 인정을 받고 싶었기에 언제나 책상에 앉아 있었다. 실제로는 만화책, 노래 듣기 등 딴짓했고, 공부는 하지 않았다. 당연히 성적은 좋을 리 없었다. 집에 아무도 없을 때면 TV를 보거나 소파에 누워 만화책을 보기만 했다. 그러다 부모님이 들어오면 "공부하고 쉬는 중이에요."라며 책상에 공부한 것처럼 꾸며진 문제집을 보여줬다.

거짓말은 한 번이 어렵지 갈수록 뻔뻔해지고 대담해졌다. 나중에는 문제집뿐 아니라 채점지, 지우개 가루, 오답 노트 등 깔아놓는 기술도 늘어갔고, 양심의 가책은 줄어갔다. 불편한 마음도 없어져 편안하게 거짓말을 하는 거짓말쟁이로 성인이 됐다.

 성인이 된 후에도 나는 어디서든 잘난 사람, 좋은 사람으로 보이기 위해 해본 적 없는 주식 단타로 1억을 벌었다, 생각도 없으면서 자격증 공부하고 있다 등 거짓말을 수도 없이 했다. 그럴 때마다 주변에서 나를 인정해 주고 올려주는 거 같아서 멈출 수 없었다. 시간이 지난 뒤 만난 지인들이 "주한아, 예전에 말한 사업은 잘되고 있어?"라고 물으면, 내가 무슨 얘기를 했는지 기억이 나지 않아 당황한 적도 많이 있다. 그 대화의 끝은 언제나 얼버무리기였다.

 반복적으로 한 거짓말을 통해 인정에 대한 결핍이 강하다는 것과 잘못된 방법으로 해결해 왔다는 걸 알았음에도 처음에는 인정하지 못했다. 인정하면 지금까지 살아온 모든 삶이 거짓 같아 보였고, 지인들에게 이 사실을 말하면 나를 다 떠날 것 같았다. 하지만 마음이 계속 무거워 결국 오랜 친구에게 털어놓았다. 그러자 친구에게 "사람들은 생각보다 다른 사람 삶에 관심이 없어 뭐 하러 거짓말을 하냐?!"라는 말을 들었다. 곰곰이 생각해 보니 나도 다른 사람들의 상황을 깊이 있게 생각하지 않았다. 맞다. 이 모든 거짓말은 나를 높일 수 있다는 나만의 착각에서 나온 행동이었다.

현재는 나의 기질, 결핍과 욕구를 하나씩 찾게 되면서 나만의 시간, 공간을 가지고 편안한 하루를 보낸다. 또한, 관심과 인정을 받으려고 억지스러운 방법으로 애쓰지 않게 되면서 다른 편안함이 나의 삶에 들어왔다.

자기 자신을 알아가는 여정에서 내가 어떠한 사람인지 명쾌하게 답이 바로 나오지 않아 때로는 답답했다. 하지만 그 과정에서 찾은 작은 깨달음들이 모인 것이 지금의 나를 만들었다. 어쩌면 '나 자신'을 찾기 위해 중요한 방법은 매일의 선택과 행동을 들여다보는 것인지도 모른다. 반복되는 일상에서 "나의 기질은 무엇일까? 나의 결핍은 무엇일까?"라는 질문을 던지며 천천히 나아가는 것. 그것이 "나는 누구인가?"의 답을 찾는 방법이었다.

작은 변화로 얻은 12가지 깨달음

1
[독 립]

35년 만에 찾은
진짜 내 삶

"부모에게서 독립한다는 것은 단지 경제적인 일이 아니다. 그것은 자기 삶을 자기 방식대로 선택하겠다는 선언이다."

- 오프라 윈프리 연설 중에서

"아빠, 우리 나중에 봐요. 나 한동안 못 볼 거야."

2022년 10월 말. '엄마가 집 사주겠지.'라는 생각으로 내가 마마보이였다는 걸 깨닫고 부모님에게 의지하지 않기로 다짐했다. 방법은 '이미 분가하고 있고, 도움을 요청하지 않으면 되지.'라고 독립을 무 자르듯 단순하게 생각했다. 그 후 날이 지나도 삶에 별다른 변화는 없었지만 도움을 바라는 마음이 없으니 성공한 느낌이었다.

그러던 중 첫 번째 목표였던 '하루 1시간 독서'를 해내지 못해 포기하고 좌절하면서 독립의 성공도 의심스러웠다. '정말 독립한 거 맞아?'라는 질문을 던졌지만, 답을 모르니 답을 내릴 수 없었다. 이내 답을 찾기 위해 독립에 관한 검색을 시작했다. 몇 분 지나지 않아 내가 착각에 빠져 있었고 무지했다는 걸 알았다.

"경제적, 신체적, 정신적 독립 중 가장 중요하고 우선시해야 하는 건 경제적 독립이고, 그래야 다른 두 가지도 이룰 수 있다."

- 양재진 심리학자

그 말에 나를 돌아보니 아직도 당연하게 용돈을 받는 내가 보였다. 나는 35살까지 진정한 독립을 한 적이 한 번도 없었던 것이었다.

그리고 부모님의 용돈과 지원이 당연히 내 것이라는 착각 속에 정확한 수입을 계산해 본 적이 없었다는 걸 알고, 바로 종이를 꺼내 상세히 적었다. 이후 내가 얼마나 부모님에게 의존했는지 알게 되었고, 진정한 독립을 위해서는 당장 모든 지원과 도움을 끊어야 한다는 것을 깨닫게 되었다. 하지만 용돈의 유혹은 너무나도 달콤한 나머지 '받은 뒤 용돈을 따로 모아서 활용하면 되지.'라는 합리화를 했다.

   그로부터 1달 후, 여전히 용돈을 생활비로 쓰고 있었다. 그러다 문득 이대로 살다가 '부모님이 돌아가시면 내가 살 수 있을까?'라는 생각이 들었다. 답은 '이대로라면 불가능'이었다. 모든 달콤한 도움을 당장에 끊고자 부모님에게 저녁에 찾아가겠다고 바로 전화했다. 사정을 모르시는 부모님은 나를 위해 고기와 다양한 반찬들로 저녁상을 잔뜩 차리고 계셨다. 하지만 나의 머릿속에는 독립으로 가득 차 있어서 식사 자리에 앉기도 전에 말했다.

   "엄마, 아빠 나 모든 지원 끊어줘."

   느닷없이 상기된 내 목소리에 부모님은 당황하시며 나를 빤히 보셨다. 곧바로 편의점에서 운 상황과 내가 마마보이가 되어가고 있는 상황을 말했다. 그 후 다시 한번 "도움을 일절 주지 마."라고 강조했다. 하지만 부모님의 생각은 달랐다. "도움 줄 수 있을 때 받고, 그걸 활용하면 더 빠르게 부를 축적할 수 있는데 왜 그런 선택을 하냐?" 하고 한마디 하셨다. 그 말을 듣자마자 나는 격분했다.

"자꾸 의지하면서 바보가 되고 있다고!!! 나 바보 만들 거야?!! 나중에 엄마, 아빠가 없으면? 그때 갑자기 깨닫고, 내가 잘 살 것 같아?! 이미 병X인데!"

 울부짖듯이 소리쳤고, 놀라시며 아무 말 없이 앉아계신 부모님을 뒤로한 채 자리를 박차고 일어나 편의점에 출근했다. 나는 그만큼 변화가 간절했다. 출근하는 차 안에서 두근거리는 심장을 진정시키고 침착하게 말하지 못한 나를 후회하며 부모님께 사과의 문자를 보냈다. 이에 부모님도 나의 의견을 따라주신다는 답을 해주셨다.

 출근하자마자 "2023년 2천만 원을 모았다." 긍정 확언을 하며 부모님의 용돈을 뺀 나의 진정한 수입, 지출(고정비, 변동비)을 글로 쓰며 확인했다. 다 작성하고 난 뒤 나의 경제적 상황이 얼마나 심각한지 알았다. 용돈이 빠진 나의 경제적 상황은 당장 마이너스였다. 다시 '용돈을 달라'고 전화하고 싶었다. 하지만 "나는 독립적인 존재이다."를 되뇌며, 다시금 다짐했다. 그로부터 몇 주가 지나고 가족과의 식사 자리가 있었다.

일상생활의 대화가 오가는 중 나도 모르게 "엄마, 나 용돈….”이라는 말이 나와 흠칫 놀랐다. "왜?"라고 물어보시는 엄마에게 "용돈 없이도 잘 살고 있다."라고 하며 어물쩍 넘어갔고, 그날도 어김없이 편의점에 출근했다. 나는 자리에 앉아 왜 용돈을 말했는지 곰곰이 생각했다. 과거보다는 독립적이지만, 부모님을 뵐 때마다 흔들리는 나를 보며 정서적인 독립이 완전히 이뤄지지 않았다는 답을 내렸다. 그래서 선택한 방법은 일시적 절연이었다.

"아빠, 우리 나중에 봐요. 나 한동안 못 볼 거야."

그 후 약 1년 동안 명절이든 부모님 생신이든 일절 연락을 주고받지 않고 지냈다. 부모님은 도보로 3분 정도 떨어진, 나와 같은 생활권에 살고 계셨다. 길을 가다 우연히 마주칠지도 모른다는 생각에 집에서 멀리 떨어진 마트를 다니고, 십여 분을 걸어 동네 밖으로 나가 버스를 타러 다녔다. 부모님 얼굴만 보면 결심이 흐트러질까 봐 맘을 붙잡기 위한 특단의 조치였다.

몇 개월 뒤, 지출 중 큰 부분을 차지한 대출이자를 줄이기 위해 이사를 준비했다. 그 과정에서 여러 차례 부동산 방문, 등기부등본, 계약 시 유의 사항을 스스로 공부했다. 갑자기 임대인이 보증금을 못 준다는 말에 불안했지만, 그로 인해 대항력, 임차권등기를 공부하고 스스로 진행하면서 나도 할 수 있는 사람이라는 걸 알았고 기뻤다. 그중에서도 가장 기뻤던 건 "단 한 번도 부모님이 생각나지 않았다는 것"이다. 그와 동시에 수입 증진을 위해 고시원 사업을 준비했다.

어느 날 지인에게 갑자기 경제적, 정서적 독립을 시도하면서 힘들지 않았냐는 질문을 받은 적이 있다. 나는 독립의 두려움, 힘듦보다 당장의 마이너스인 경제적 상황과 멀어진 가족에게 집중할 수밖에 없었다. 편의점에 손님이 없는 시간에는 배달료, 대출이자 등 지출을 줄이기 위해 방법을 찾느라 시간을 보냈다. 지출을 줄인 뒤에는 수입을 늘리기 위해 사업에 관한 고민과 조사를 하며 지냈다. 궁금하거나 괜찮다고 판단된 사업은 아침에 퇴근 후 관련 사람들과 통화나 미팅을 하고, 자리를 알아보기 위해 부동산을 다녔다.

또한, 저녁 먹을 때쯤 잠에서 깬 뒤 나를 피하는 아내와 아들에게 다가가기 위해 출근 전까지 오로지 가족과 시간을 보냈다. 사랑한다고 말하며 집안일과 놀아주기, 샤워 시켜주기 등 가까워지기 위해 노력했고, 노력이 쌓여 조금씩 나는 가족이 되었다. 많은 것을 실천하느라 독립이라는 변화에 대한 걱정과 불안을 생각할 시간이 없었다. 처음에는 용돈의 달콤함을 벗어나기 싫었지만, 막상 벗어나니 살기 위한 나의 노력과 새로운 경험들로 채워지면서 성장하게 되고 성취감까지 데려왔다.

이러한 상황을 지인에게 얘기한 적이 있었다. 그러자 그는 "배부른 소리 하지 말고 받을 수 있을 때 받아."라고 말했다. 하지만 나는 그 배부름이 나를 망친다고 생각하며 나의 삶을 살기 위해 성장에 힘쓰며 지냈다. 그로부터 수개월 뒤 자기 계발에 몰두하고 사업에 차근차근 도전하는 나의 모습을 본 지인은 "족쇄가 풀려 자유로워진 말 같아."라며 응원해 주었다.

경제적 독립이 단순히 금전적인 영향에서 벗어나는 게 아니라 삶을 바라보는 시선이 달라진다는 걸 이제야 알았다. 도움이라는 달콤하고 안정적인 울타리에서 나오니 나의 수입과 지출 등 상황을 제대로 파악했다. '이대로 살면 안 되겠구나, 방법을 찾아야 해.'라는 생각이 나를 나아가게 했다. 당장의 변화가 걱정되긴 했다. 하지만 그 걱정이 배움의 길로 인도했고, 새로운 경험을 만들어갔다. 그로 인해 단단해지고 35년 만에 진정한 나의 삶을 살고 있다.

2
[습관]

작은 시작이
변화를 불렀다

"위대한 일들은 작은 일들의 연속에서 이루어진다."

- 빈센트 반 고흐

"왜 난 작심삼일일까?"

더 이상 마마보이와 게임중독자로 살지 않겠다고 변화를 다짐한 나는 당연히 성공의 길만 있을 줄 알았다. 자기계발서에 나오는 부자들이 하는 독서, 운동, 신문 읽기를 따라 하고자 했지만, 그 어떠한 것도 실천하지 못하고 있었다. 그런 나 자신을 보며 한심스럽고 싫어졌다. 그러던 중 '작게 시작하라. 뇌가 알지 못하게.'라는 쇼츠를 보고 전환점을 맞이했다.

욕심은 많고 실행력은 낮았던 나는 '매일 1시간씩 책을 읽어야 한다.'라는 강박을 내려놓았다. 서점을 편하게 다니면서 자연스럽게 책을 읽게 되었고, 덕분에 한 걸음 더 나아갈 수 있었다. 처음에는 쇼츠가 전하고자 하는 의미를 이해하고 실천하기보단 무작정 시도했다. 그러던 어느 날 '뇌가 알지 못하게.'라는 부분이 무슨 뜻일지 궁금해져서 뇌 과학 관련 책들을 읽었다.

나의 궁금증을 해소해 준 내용을 로버트 마우어의 『아주 작은 반복의 힘』에서 발견하게 되었고, 지금까지 나의 습관 변화에 있어서 큰 힘이 되고 있다. 해당 내용을 간략하게 얘기하자면 뇌는 세 부분으로 나뉜다.

첫 번째. 뇌의 가장 밑바닥 뇌간 - 아침에 일어나 밤에 잠들고 심장박동을 유지하는 일로 기본적인 신체 반응을 담당

두 번째. 뇌간 위에 있는 중뇌 - 체온 유지, 감정 저장, 위험, 변화에 직면했을 때 살아남을 수 있도록 '방어 반응'을 제어('새로운 것(변화)'으로 인한 위험으로부터 지켜준다.)

마지막으로, 나머지 뇌를 감싸고 있는 대뇌피질 – 문명, 예술, 창조 등 변화를 담당. 이것으로 인해 인간은 만물의 영장이 되었다. (호기심, 창조 등 '새로운 것'을 생각, 실천)

이 세 가지 모두 중요한 부분이다. 그중 내가 작심삼일인 이유는 중뇌(두 번째)와 대뇌피질(마지막)의 싸움 때문이었다. 예로 산에서 아름다운 버섯을 보고 대뇌피질은 '이쁘다. 만지면 어떤 느낌일까?'를 생각한다면, 중뇌는 나를 지키기 위해 '만지지 마. 새로운 건 위험할 수 있어.' 이렇게 반응한다는 것이다. 그래서 독서라는 변화를 생활에 넣으려고 하니 중뇌가 '하지 마. 지금도 잘 지내잖아.' 하면서 나를 지켜주기 위해 서점에서 잠들게 한 것이다.

즉, 나의 중뇌가 나를 위해 열심히 일해준 결과가 작심삼일이었다. 뇌에게 고맙다고 해야 할지 화를 내야 할지…. 또한, 변화의 대상이 긍정적이든 부정적이든 관계없이 오로지 중뇌는 변화에만 반응한다. 변화의 폭이 클수록 중뇌의 '방어 반응'도 커져서 대뇌피질의 기능을 크게 저하한다는 설명이 와닿았다.

나는 지금까지 변화는 마음만 먹으면 단번에 크게 일어날 수 있다고 생각하며 안일한 계획을 짰다. 하지만 너무 큰 변화는 뇌에서 큰 거부반응을 일으켜, 행동으로 옮기지 못하게 만든다는 걸 이해했다. 이를 나의 독서에 빗대어봤다. '매일 1시간 독서(큰 변화)'는 힘듦과 실패, '서점 냄새나 맡으러 가자(작은 변화, 놀이).'는 재미와 성공으로 이어진 이유가 설명되었다. 이후 헬스장을 6개월간 다니기로 등록하고 가지 않은 이유도 마찬가지였다. '6개월 동안 운동'이라는 큰 변화에 중뇌는 큰 방어를 했다.

고심하던 끝에 집에서 팔굽혀펴기를 1개씩 매일 하는 방식으로 바꾸어 보았다. 뇌가 신경 쓰지 않을 정도로 1주일에 1개씩 서서히 운동량을 늘렸다. 수개월이 지난 지금은 매일 80개를 하고 있다. 이뿐만이 아니었다. 미루고 미루던 영어 회화 공부를 유치원 수준부터 시작하여 하루 3분씩 이어갔으며, 이제는 매일 20분씩 매일 지속하고 있다.

지금은 재미난 일이 생겼다. 오히려 독서와 회화 공부를 안 하면 마음이 찝찝하다. 이 찝찝함은 중뇌가 나에게 보내는 신호라 할 수 있다. 왜냐하면 이제는 '하지 않는 것'을 '변화'로 인식하고 이에 대항하여 '공부해, 독서해.'라고 신호를 주기 때문이다. 중뇌의 원리를 이해하고 이를 실제 삶에 적용해 실천해 가면서 나의 삶은 긍정적으로 변하고 있다.

나는 "티끌 모아 태산"을 들을 때마다 '인생은 한방이지, 언제 모아?!'라며 부정적으로 받아들였다. 하지만 내 생각이 잘못되었음을 지적하듯 자기계발서들에도 인생의 변화는 작은 시작에서 시작된다는 내용이 자주 등장한다. 대표적인 예가 도미노 효과다. 첫 도미노가 본인보다 1.5배 큰 도미노를 쓰러뜨리고, 또 다음 1.5배의 도미노를 쓰러뜨려서 결국 가장 큰 도미노까지 넘어뜨리는 연쇄 효과다.

나의 경험으로 빗대면, 단순히 서점에서 초콜릿 하나 먹고 온 것에서부터 독서 습관이 시작되었다. 그리고 그 독서 습관은 고시원 사업으로, 경매 낙찰로, 새로운 공간대여 사업으로 이어졌다. 서점에서 먹은 초콜릿 하나라는 작은 도미노가 사업이라는 큰 도미노를 넘어뜨린 셈이다.

이제는 확신한다. 진정한 변화는 거창한 다짐이 아니라 뇌가 눈치채지 못할 만큼 작은 행동에서 시작된다는 것을. 그리고 작심삼일을 반복하며 자책했던 과거의 나에게 말해주고 싶다. 실패한 것이 아니라 단지 방법을 몰랐을 뿐이라고. 중뇌의 방어 시스템을 이해하고 이를 활용한 지금, 나는 더 이상 변화를 두려워하지 않는다. 매일 1%씩 성장하는 것, 그것이 1년 후 37배의 성장으로 이어진다는 복리의 마법을 이제 몸소 경험하고 있다. 작은 시작이 만들어 내는 거대한 변화, 그것이 바로 진짜 "티끌 모아 태산"의 의미였다.

3
[행동]

생각만 많으면
아무것도 없다

"기회는 기다리지 않는다. 행동하는 순간에만 다가온다."

- 『행동경제학』, 리처드 탈러

독립하기로 결심하면서 재정 상태를 객관적으로 보게 되었다. 씀씀이는 줄이고 수입은 절대적으로 늘려야 하는 상황이었다. 모아둔 돈이 없기에 내가 아프거나 일자리를 잃으면 우리 가족은 힘들어질 것이 뻔했다. 이제는 더 나은 경제적 상황을 위해 고민하고 실천해야 했다. '회사에 취업할까? 아니면 사업할까?' 고민했다. 먼저 회사에 취업했을 때의 나를 상상해 보니 고정적인 수입은 있지만, 퇴근 후 교육을 듣는다면 가족과 함께할 시간이 부족해 보였다. '사업은?' 수입은 고정적이지 않고 도전이 필요하지만, 그 속에서 맞이하는 새로운 상황이 나를 성장시켜 줄 거 같았다. 또한, 시간을 융통성 있게 활용할 수 있어 필요한 공부나 가족을 위해 시간 할애하기도 수월할 것이었다. 이 시기 나는 가족과의 시간, 성장을 위해 배움의 욕구로 가득 차 있었을 때였기에 결국 사업을 하기로 마음먹었다.

시간 활용을 기준으로 고민했던 사업들은 무인카페, 무인편의점, 저녁 7시 이후 문 닫을 수 있는 회사 근처의 카페였다. 관련 프랜차이즈 회사들에 연락해 상담을 받고, 궁금한 것이 있으면 인근 업장에 가서 상황을 물어봤다. 그 후 조사한 내용들과 '과연 실제 수익률은 맞을지, 해당 업종이 가능한 부동산은 있는지, 임대료와 관리비, 영업시간을 어떻게 설정해야 하는지'를 기준으로 계산해 가며 작성했다. 비교 결과 회사 건물에서 선물용으로 판매할 수 있는 호두과자 사업이 좋겠다고 판단했다. 주 고객인 직장인이 많은 벤처 건물을 중심으로 임장 다니며 마음에 드는 상가를 찾았다.

조건에 맞는 상가를 찾게 되어 부동산을 방문했고 긍정적인 애기를 나누었다. 그런데 유동 인구가 많고 건물 1층 코너에 있는 상가가 몇 개월 동안 그대로인 것을 의심한 나는 다시 한번 방문했다. 일부러 그 지역에서 살짝 떨어진 다른 부동산에 가서 알아보니, 상가에 몇십억 소송이 걸려있어서 보증금을 못 받을 수 있는 상황이었다. 결국 내가 원하는 상가를 찾을 때까지 미팅을 미뤘다.

하지만 하나만 볼 수 없기에 다시 사업들을 검색하고 조사하며 지냈다. 며칠간 편의점 새벽 시간을 활용해 사업을 찾던 중 우연히 고시원이 눈에 보였다. '수익률 30% 이상 나오는 고시원', '하루 2시간 일하고 월 1,000만 원 벌고 있다.' 등 유튜브 영상 제목부터 나를 자극했고 궁금증이 생겼다. 제목처럼만 된다면 나는 시간 활용과 수입을 둘 다 잡을 수 있으므로 고시원에 관한 유튜브, 구글 검색을 했다. 하지만 잘 모르는 상태에서 시작하기에는 겁이 났기에 관련된 책을 찾아가며 읽었다.

책과 조사를 통해 고시원 사업이 아래와 같은 이유로 괜찮겠다고 판단했다.

1. 사람들의 인식
- '고시원 위험하지 않아?' 하는 걱정에 쉽게 접근하지 않는 아이템

2. 소방법으로 인해 창업이 어렵다.
- 새로운 소방법(일명 신 소방)으로 인해 새로운 고시원을 차리기에는 투자금이 크다.
- 기존 고시원은 양도인이 소방법을 통과해야 양도할 수 있다.
- 즉, 기존 고시원을 인수하면 내가 소방법을 신경 쓰지 않아도 되고, 신 소방보다 투자금이 적다.

3. 사회적으로 1인 가구가 늘어나고 있다.
- 안타깝지만, 기초생활수급자도 늘어가고 있다.
- 원룸보다 저렴한 고시원을 거주지로 선택할 가능성이 높다.

이러한 이유로 고시원 사업을 긍정적으로 생각했지만, 첫 사업이기도 하고 투자금이 들기에 걱정이 앞서 6주 오프라인 강의를 신청했다. 강의 시작 전부터 매주 인근 고시원을 구

경 다니고, 고시원 부동산을 통해 매물도 보러 다녔다. 강의가 시작되고 얼마 지나지 않아 나와 같은 조였던 젊은 친구가 계약했다는 얘기를 들었다. 이에 강의 2주 만에 계약한 것이 두렵지 않았냐는 강사의 질문에 "내일 일은 내일의 제가 해결할 수 있다고 믿어요."라고 말했다. 옆에 있던 나는 그 친구의 확고한 대답에 머리가 멍해졌다.

매주 발품을 팔며 고시원 매물을 부지런히 찾아다닌 나는 스스로 행동하는 사람이라 여겼다. 그런데 '되겠다.'라는 판단이 선 일을 행동하지 않고 머뭇거리고 있었다. 집에 돌아오는 길에 '왜 안 하고 있지?' 물음을 던지며 자책했다. 생각이 정리가 되지 않은 채 집에 도착했다. 씻고 나온 뒤 자기계발서에서 인상적인 문구를 적어 붙여놓은 포스트잇들을 보고 있었다. 그때 두 단어가 내 시선을 사로잡았다.

"도전", "두려움을 마주하는 자세". 그 순간 집을 나와 개인 시간을 갖는 정자에서 곰곰이 생각했다. 이내 '혹시 안되면? 망하면? 내가 잘할 수 있을까?' 두려움과 자기 불신이 내 안에 있다는 사실을 알았다. 이 사실을 인정한 뒤 '그래, 확신에 찬 일조차도 도전하지 않으면, 나중에는 아무 일도 못 해. 나도 그 친구처럼 내일의 나를 믿자!'라는 생각과 함께 계약하기로 마음을 정했다.

  3주 차 강의가 시작되기 전, 집과의 거리, 투자금을 고려하여 지금까지 봐온 매물을 정리했다. 정리 결과 공실이 거의 없는 첫 번째 매물, 관리가 필요하며 공실이 많은 두 번째 매물로 선택의 폭을 좁혔다. 나는 다양한 경험과 도전을 할 수 있겠다 싶어 두 번째 매물로 마음을 정했다. 그래도 혹시나 하는 마음에 확인차 강사님에게 두 매물을 보여주며 상의했다. 두 번째 매물에 더 큰 관심을 보이는 나를 보며 말씀하셨다.

  "이 고시원 위치는 괜찮은데, 손이 많이 갈 수 있어요. 괜찮으시겠어요?"

  강사님의 질문에 나는 대답했다.

  "네. 저는 다양한 도전을 하고 싶어요."

  응원의 메시지와 함께 나는 다음날 계약을 진행했다. 그 후 인수인계 과정에서 꼼꼼하게 확인하지 않은 탓에, 계약 전에 들은 고정 지출비와 실제 입실자 수가 달랐다는 걸 알았다. 또 계약 전에 보지 못했던 방에서는 벌레가 우수수 떨어지고, 쓰레기 더미 때문에 발을 디딜 수조차 없었다. 이러한 상태를 확인한 뒤 한동안 도전을 후회하고 좌절했다. 그러나 문제들을 하나하나 해결해 가며, 고시원 운영에 대한 경험치가 쌓였고, 성취감, 그리고 수입까지 얻었다.

실행력과 도전 의식은 추후 경매를 진행할 때도 도움이 되었다. 내가 좋아하는 글귀인

"잠자고 있을 때 돈이 들어오지 않으면, 죽을 때까지 일해야 한다."

- 워런 버핏

을 보며 돈을 벌어다 주는 자산을 늘려야겠다고 생각했다. 고시원에서 받는 월세처럼 상가라는 자산을 통해 임대료를 받고자 경매 공부를 했다. 책과 유튜브를 통해 배웠지만 부족함을 느껴 강사의 경험과 지식을 듣기 위해 오프라인 강의를 들었다. 행동하지 않으면 아무 결과도 없다는 걸 알기에, 매주 강의 다음 날에는 인근 지역을 돌아다녔다.

또한, 매일 새로운 매물을 보기 위해 경매 사이트를 자정 조금 지난 뒤 들어가 구경했다. 구경 후 궁금하면 다음 날 해당 지역을 찾아가 인근 부동산 3~4곳을 방문하며 공부했다.

그러던 중 자금이 많이 없는 나에게 한 가지 매물이 눈에 들어왔다. 그곳은 일반 상가가 아닌 오픈 상가로(벽 없이 경계가 테이프인 곳) 유찰이 많이 된 기피 매물이었다.

이것 또한 공부의 일종이라는 생각으로 무작정 찾아갔다. 해당 층은 한 회사에서 뷔페 홀로 7년 넘게 운영 중이었고, 부동산을 찾아가 물어보니 인근에 이 정도 뷔페가 없다고 할 정도로 맛있는 업소였다. 또한, 앞에는 전철이 새로 들어서는 중이었다. 현재 거의 완공되어 가지만 전철이 들어선다고 해도 인근에 시장이 있어 재개발은 힘들다고 했다. 그 후 관리실에 찾아가 과거(코로나19) 임차인이 관리비를 내지 못하면서 문제가 있었지만, 현재는 지급하고 있다는 걸 알게 됐다. 첫 공부를 마무리하고 집으로 돌아가는 길에 더 알아보고 싶은 생각이 들어 뷔페 매니저를 만나기로 약속을 잡았다.

"뷔페 사장님도 해당 층의 경매물을 사들이고 있습니다."

뷔페 업체 매니저의 말을 듣고 긍정적으로 생각했다. '임차인이 상가를 구매하는 이유는 이곳에서 뷔페 홀을 더 운영하기 위해서일까? 아니면 폐업하더라도 다른 업체가 들어올 가능성이 있으니 사드리는 거 아닐까? 7년 넘게 해당 층을 운영하는 사람이 상가를 구매하려는 이유가 분명히 있을 거야.'라는 생각과 함께 낙찰에 대해 긍정적으로 생각하기 시작했다.

하지만 머릿속은 긍정, 부정적인 생각이 왔다 갔다 했다. 그래서 내가 선택한 방법은 고민이 아닌 행동이었다. 두 번의 임장 때 인근에 오랜 시간 장사하신 분들이 계신다는 사실을 알고, 낙찰 5일 전 그분들이 하는 뷔페에 대한 평가를 듣고자 찾아갔다. 12시쯤 도착해서 식사를 위해 5~6명씩 모여 계시는 어머님들에게 인사를 하며,

"안녕하세요. 저 여기 뷔페 예약하고 싶은데, 평판이 어때요?"
"여기 전철 들어서는데 상황이 어때요?"

이런저런 필요한 정보를 여쭤보며 약 20명의 사장님을 만났다. 본인들도 행사가 있으면 근처 다른 곳이 없어 이 뷔페를 이용한다는 얘기가 공통적이었다. 그리고 전철에 관해서는 부동산과 마찬가지로 별다른 기대는 없다고 했다.

임장을 마무리한 뒤 1층 흡연 장소에 갔다. 그곳에는 청소하시는 아주머니가 계셨다. 나는 문득 '거기 쓰레기가 많이 나오면 장사가 잘되는 뜻 아닐까?'라는 생각이 들었다. 바로 앞 편

의점에서 음료수를 구매 후 아주머니에게 드리며 인사를 했다. 감사하게도 반갑게 맞이해주셔서 이런저런 얘기를 나눴다.

"어머니 뷔페 쓰레기 많이 나와요?"라고 여쭸다.

"코로나 이후에는 꾸준히 나오고, 요즘에는 평일에도 행사를 잡는지 평일에도 나와." 그 말을 듣고 알아보니 1주일 전부터 주말 장사에서 평일 점심 장사도 오픈했다는 걸 알게 되었다. 영업이 저조해 평일 점심에도 장사를 하는지, 아니면 영업은 잘되지만, 매출을 더 올리기 위해 그러는지 알 수 없었다. 여하튼 손님을 끌기 위해 노력하는 곳임은 분명했다. 집에 가는 길에 지금까지의 내용을 정리했다.

1. 사장의 상가 보유와 낙찰 시도는 지속적인 운영 또는 다른 방안이 있다고 판단
2. 주변 상인들의 긍정적인 평가와 주변 경쟁 업체(뷔페 홀)가 없다는 점
3. 새로 생기는 전철, 층마다 있는 병원과 임장 때마다 많은 환자들을 보며 뷔페가 아니어도 다른 병원이 들어올 수 있다는 판단
4. 부담 없는 금액

정리가 끝난 뒤 나는 행동하기로 마음을 먹고 5일 뒤 낙찰을 받았다. 낙찰을 받은 뒤 임차인과의 문제가 있었지만, 현재는 월세를 받고 있다. 큰 상가와 금액은 아니지만 나에게는 새로운 도전과 성취였고, 성장의 발판이었다.

무언가를 이루기 위한 필수 요소는 도전과 행동이었다. 내가 한 행동은 배우기 위해 강의장에 가는 것, 정보를 찾기 위해 수도 없이 발품을 파는 것이었다. 그리고 그로 인해 얻은 정보가 확신이 들면 도전하는 행동을 했다. 만약 내가 이때마다 생각만 하고 행동하지 않았다면 지금까지 제자리걸음을 하고 있을지 모른다. 최근 우연히 접한 방송에서 내 마음 속에 깊은 울림을 준말이 있다.

"생각이 적으면 실수한다. 그러나 생각이 너무 많으면 인생을 망친다."

- 방송인 강호동

결국 인생의 성장은 적절한 숙고 후에 내딛는 한 걸음에서 시작된다.

4
[질문]

"왜" 대신
"어떻게"로

"문제를 만든 사고로는 그 문제를 해결할 수 없다."

- 알베르트 아인슈타인

"왜 장사가 안되지?"
"경제가 어려워서…."

호기롭게 시작한 고시원.

계약과 잔금을 처리한 후 나는 빈방들을 하나하나 확인했다. 열자마자 머리 위로 후드득 떨어지는 5~6마리의 바퀴벌레와 빠직거리며 밟히는 벌레들이 나를 맞이했다. 방안은 TV에서만 봤던 발 디딜 틈 없이 쌓여있는 쓰레기들, 곰팡이 가득한 화장실, 썩은 채 방치된 음식물들로 가득했다. 게다가 저절로 구역질이 나는 냄새까지. 인수 첫날 나는 공실 20개를 차마 다 열어볼 수 없었다. 더 큰 문제는 벌레와 냄새가 아니었다. 계약 시 예상되는 순수익은 약 150만 원 정도였다. 47개 방 중 공실은 약 15개, 고정 지출비는 150만 원으로 알고 계약했다. 하지만 인수인계 시 받은 전화번호는 없는 번호가 수두룩했고, 실제 공실이 27개였음을 나중에 알았다. 알려준 지출비는 단순히 관리비로써 가스, 인터넷, 정수기 사용 등 100만 원 이상의 추가 비용은 몰랐다.

한 달이 지나고 순수익을 계산해 보니 마이너스 150만 원이었다. 첫 도전에 흥분되어 제대로 확인하지 않은 나의 잘못이다. 지금이야 편하게 얘기하지만, 당시에는 망연자실한 상태로 어떠한 대책도 떠올릴 수 없었다. 1주일간 억지로 출근했지만, 꼴도 보기 싫은 고시원에 들어가지 않았다. 근처 카페에서 맴돌거나 옥상에서 줄담배만 피웠다. 그래도 다행스러운 건 독서를 꾸준히 했다는 것이다. 그 시기 읽은 책에서 질문에 관한 글이 와닿았다.

"왜"가 아닌 "어떻게 하면"으로 바꿔라.

- 『이 책은 돈 버는 법에 관한 이야기』, 고명환

좋은 질문이란 구체적이고 명확한 목적을 가져야 한다고들 말한다. 또 열린 형태로 상대방의 바람(Needs)을 파악하고, 간결하게 표현해야 한다고 배웠다. 하지만 이러한 방법은 나에게는 매우 추상적이어서 실제로 적용하기 어려웠다. 그런데 최근 읽은 책에서 소개된 질문하는 방법은 이해하기 쉽고 따라 하기에 좋았다. 무엇보다 상대에게 초점을 맞추는 것이 아니라 나 자신에게 질문하는 방식이었으며, 이는 운영상의 어려움을 주체적으로 해결하는 데에 도움이 되리라 여겼다. 또한 그다음 읽은 책인 『직관의 폭발』에 따르면 뇌를 이해하기 위해서는 우선 네 가지 특성을 고려해야 한다.

1. 뇌는 직관적이다.
2. 어떻게든 답을 찾으려 노력한다.
3. 스스로 보호하는 결론을 내린다.
4. 결론으로 인해 감정에 영향을 준다.

예시)
"왜 장사가 안되지?"
- 뇌 : 경제가 어려워서, 사회적 이슈가 있어서 그래.

"왜 기분이 안 좋아 보여?"
- 뇌 : 오늘 전철이 불편했던 거 같아.

위의 대답을 보면, 뇌는 문제의 원인을 '나 자신'을 보호하면서 찾기에 사회 문제로 돌려 답을 제시하고 있다. '왜 장사가 안되지?'라는 질문의 본질은 사실 장사가 잘되기를 바라는 마음에서 나온 것일 것이다. 문제 해결을 위한 질문이지만, 직관적인 뇌는 '왜'라고 물었기 때문에 '왜'에 대한 답만 찾을 뿐이다. 또한, 기분이 좋았더라도 '안 좋아 보여?'라는 질문이 들어왔기에 뇌는 억지로 부정적인 상황을 찾아준다. 이러한 과정을 거치다 보면 결국 부정적인 감정 상태에 이르게 된다.

그리고 우리는 경험을 통해 '왜'라는 단어를 부정적으로 인식하는 경향이 있다. 어릴 적 '왜 그랬어?!', '넌 도대체 왜 그러니!' 같은 표현으로 꾸중을 들으며 자랐기 때문이다. 또 우리가 무언가를 후회할 때 가장 많이 하는 질문도 '왜 그랬을까?'라는 '왜'를 사용한 자문이다. 책에 따르면, 이러한 이유로 '왜'라는 질문은 우리를 심리적으로 압박하고 숨이 막히게 하는 특성이 있다고 한다.

  그래서 좋은 질문은 직관적이며 해결책을 찾을 수 있는 것이라는 내용이다. 방법은 [어떻게 하면 + 본질(희망)]로 물어보는 것이다. 위의 질문을 바꾸면 "어떻게 하면 장사가 잘될까?", "어떻게 하면 기분이 더 좋아질까?"다. 이 내용을 보자마자 책을 덮고 바로 적용했다. '어떻게 하면 고시원의 입실자를 늘릴 수 있을까?'를 답이 날 때까지 질문했다. 먼저 눈에 보이는 벌레들과 노후가 된 인테리어를 해결하기로 답을 내렸다. 가구 속에 파고든 벌레들과 알들까지 박멸하고 싶었다. 다시 "어떻게 하면 박멸하고 인테리어를 할 수 있을까?"라는 질문을 반복했다.

  답은 공간 임대업을 하는 지인에게 도움을 요청하는 것이었다. 그는 나의 상황을 듣고 철거, 방역, 도배, 전기 관련, 청소, 새로운 가구 배치 식의 순서를 알려줬다. 이후 그 순서에 맞춰 약 1달간 진행하면서 서서히 살기 괜찮은 고시원으로 바뀌어 갔다. 인테리어가 끝나 갈 때쯤 나는 변화한 고시원을 알리기 위해 인터넷 광고를 시작했다.

이제는 입실자들만 들어오면 되는 상황이었다. 인테리어 공사 후 입실자가 늘기는 했지만, 한 달간 새로 들어온 사람은 고작 2명뿐이었다. 예전 입실자들이 다시 돌아오면서 금전적으로 완전한 손해는 아니었지만, 실질적인 이익은 발생하지 않았다. 나의 인건비를 고려하면 결국 손해였다. 인터넷 광고에 문제가 있나 싶어 확인해 봤는데, 그 결과는 충격적이었다.

같은 지역에 고시원이 12개나 있었지만, 월간 검색량은 고작 60회에 불과했다. 단순히 정보를 알아보는 사람들과 광고 확인차 자주 검색하는 나 자신을 제외하면 실질적인 검색량은 거의 없다는 의미였다. 검색이 있더라도 그마저 열 곳으로 나뉘어 갈 것이 뻔했다. 더 이상 인터넷을 통해 입실자를 기대하기 어려운 상황이었다. 하지만 나는 좌절하지 않았다. 해결책을 찾을 수 있는 좋은 질문이 있었기 때문이다.

"어떻게 하면 입실자를 늘릴 수 있을까?"

고시원 사무실에 앉아 가만히 생각에 잠겨 있던 나는 간간이 지나다니는 입실자들과 인사를 나누었다. 그들의 옷에 대부분 시멘트가 묻어 있는 것을 보고 어떤 일을 하는지 물어보았다. 대화를 통해 입실자 중 약 70%는 일용직 노동자, 20%는 기초생활수급자, 10%는 외국인 노동자라는 사실을 알게 되었다. 이 정보를 바탕으로 나의 주요 고객층이 자주 다닐 만한 주변 인력사무소들을 검색했다. 약 10곳의 인력사무소가 검색되었고, 그곳에서 일용직 노동자들이 새벽 4시쯤부터 일을 구하기 위해 모인다는 정보까지 얻었다. 이에 나는 직접 홍보하기 위해 전단지를 제작하여 하루에 한 곳씩 인력사무소를 찾아가며 배포했다.

10곳의 인력사무소를 돌고 2주 뒤, 다시 맨 처음 간 사무소에 갔다. 그런데 처음 보는 사람들이 많이 있었다. 궁금해서 기존 입실자 한 분에게 물어보니, 고정적으로 오는 사람도 많지만, 전체적으로는 사람들이 자주 바뀐다고 했다. 그 말을 듣고 나는 수많은 잠재 고객을 놓치고 있음을 파악했다. 그리고 새로운 사람들에게도 내 고시원을 알리고 싶었다. '어떻게 하면 잠재 고객들도 알게 할까?'라는 생각을 가지며 전단지를 배포했다. 유심히 보니 일 나가기 전 입구에서 흡연하거나, 대기실에서 앉아서 핸드폰을 보는 사람들이 많았다.

그 순간 '사무실 대기실과 입구에 전단지를 부착한다면 몇 명이라도 더 보겠구나!' 생각이 들었다. 바로 사장님들에게 부착을 부탁했다. 하지만 그들은 단번에 거절했다. 생각해보니 본인들에게 아무 이득이 되지 않기에 굳이 붙여줄 이유가 없었다. 허탕 치고 고시원으로 돌아가는 길에 방법을 모색했다.

"어떻게 하면 전단지를 붙일 수 있을까? 그리고 사장님들도 이득이 되는 방법은?!"

라는 생각을 계속하며 횡단보도 신호를 기다리고 있는데, 신호등 전봇대에 XX 인력, OOO 인력, ㅁㅁ 인력 등 여러 장의 스티커가 붙어 있는 게 보였다. '아! 그럼 나도 게시판 만들고, 인력 스티커 붙여준다고 하자!'는 방법이 생각났다. 고시원 입구에 게시판을 만들고 사진을 찍은 뒤, 다시 사장님들을 찾아갔다. "사장님 저희 입실자 70%가 인력사무소 다니시는 분들이라 그분들에게 광고할 수 있게 스티커 부착하고 저희도 부착해서 서로 광고 어떠신가요? 가까우니 괜찮을 것 같아서요." 하며 찍은 게시판을 보여드리며 이야기를 나눴다. 8곳에 부착 성공. 이후 1달간 약 15명의 입실자가 늘었다.

또 다른 고객층인 외국인 노동자들은 우리나라에서 일하기 위해 거주지 확인이 필요하다. 그래서 대부분 처음에는 거주지로 인정받으면서도 저렴한 고시원에 거주하는 경우가 많다. 또한, 거주를 인정받기 위해서는 고시원 원장의 도장이 찍힌 서류가 필요했다. 이 서류가 없으면 일 자체를 할 수 없는 상황이기에 외국인 노동자들은 관련 내용을 통역해 줄 보호자들을 데리고 왔다. 그리고 한 보호자가 여러 외국인을 데리고 오는 것을 보면서, 나는 보호자들과의 관계를 강화해야겠다고 판단했다.

'어떻게 하면 그들의 신뢰를 얻을 수 있을까?'를 생각하며 유심히 관찰한 결과 그들은 "사장님 꼭 시간 맞춰주시는 거죠?", "금액 맞아요?"라는 질문을 수도 없이 한다는 걸 발견했다. 즉, 그들은 약속 시간을 제때 지키고 금액에 대해 정직한 원장을 원했다. 나는 이들에게 신뢰가 가장 중요하다고 판단하고, 최대한 그들의 요구에 맞춰주기로 했다.

대표적인 예로 고시원이 안정화된 후 나는 가족과 함께 몇 개월 만에 서산에 가족여행을 갔다. 그날 저녁 9시쯤 보호자에게 다음 날 아침 7시에 서류가 꼭 필요하다는 연락을 받았다. 나는 일말의 고민도 없이 알겠다고 한 뒤 새벽 5시쯤 출발하여 필요 서류를 주고 인사를 나눈 뒤 다시 서산에 갔다. 사실 서류가 급하게 필요한 사람들을 위해 도장을 미리 찍은 후 입구 서랍장에 보관해 두었지만, 얼굴을 한 번이라도 더 보여주고 신뢰를 쌓기 위해 직접 만나서 전했다.

결과는 알 수 없지만, 이러한 행동이 그들에게 조금이라도 신뢰를 더 줄 수 있다고 생각했다. 자연스럽게 신뢰가 쌓이자, 보호자들은 새로운 외국인 노동자가 있을 때마다 항상 나한테 연락했다. 감사하게도 그들이 소개를 해준 사람들은 10개월 동안 50명이 넘었다. 단순 계산으로 50명 × 25만 원(월세) = 1,250만 원의 수익을 가져다주었다. 참고로 한 달 비용으로만 계산했지만 여기서 절반 이상은 몇 개월씩 거주했기에 실질적으로 더 많은 수익을 창출했다.

앞서 말한 바와 같이 고시원 사업을 시작할 때는 경험 부족과 확인 소홀로 큰 어려움을 겪었다. 공실 27개, 마이너스 150만 원이라는 절망적 현실 앞에서 나는 무력했다. 하지만 단 하나의 질문법이 모든 것을 바꿔놓았다. "왜 장사가 안되지?"에서 "어떻게 하면 장사가 잘될까?" 이 작은 전환이 만들어 낸 결과는 놀라웠다. 방역과 인테리어로 고시원을 되살렸고, 인력사무소 전단지 작전으로 새로운 고객을 유치했다. 외국인 노동자 보호자들과의 신뢰 구축을 통해 10개월간 50명이 넘는 입실자를 확보했다. 3개월 만에 공실 20개 이상을 채우며 적자에서 흑자로 완전히 전환했다.

질문의 전환은 사고의 전환으로 이어졌다. 그 사고의 전환은 절망적인 상황에서도 출구를 찾을 수 있는 무기가 되었다. "어떻게 하면"으로 시작하는 질문은 단순히 답을 얻기 위한 것이 아니다. 문제에 직면했을 때 무력감 대신 가능성을 보게 하고, 우리의 뇌를 해결책 모드로 바꿔주는 강력한 도구다. 공실 27개의 절망적 고시원에서 시작해 성공적인 공간 대여 사업까지, 모든 변화의 시작은 바로 이 질문법이었다. 삶의 모든 영역에서 "어떻게 하면"을 활용한다면, 어떤 역경도 반드시 기회로 바꿀 수 있을 것이다.

5
[법 칙]

목표를 숨기니
부담감이 사라졌다

"목표를 세상에 떠들지 말고, 행동으로 보여줘라."

- 벤저민 프랭클린

    고시원이 안정화가 되면서 나는 시간적, 금전적인 여유가 생겼다. 큰 부는 아니지만, 편의점에서 9시간 일하던 게임중독자였던 시기와 비교하면 확실히 성장한 삶이었다. 게임보다 책 읽는 시간이 즐겁고 가족과의 관계도 이전보다 나아졌다. 그 덕분에 나는 자신감과 자존감이 올라간 상태였다. 이제 무엇이든 할 수 있을 것이라는 생각을 하며 독서를 즐기고 있었다. 그때 여러 책에서 "목표를 널리 알려라."라는 문장을 보게 됐다. 목표를 알리면 동기부여가 되고, 도움도 받을 수 있기에 도달 가능성이 올라간다는 내용도 적혀 있었다.

그 당시 고시원을 운영한 지 오랜 시간 되지 않았지만, 나는 더 많은 부를 축적하기 위해 프랜차이즈화 또는 위탁 사업을 고민하고 있었다. 비용과 인력까지 생각하고 있었기에 행동만 하면 되는 상황이었다. 그래서 나는 더 **빠르게** 목표를 이루기 위해 주변 사람들에게 목표를 알리기로 마음먹었다. 이후 만나는 사람들에게 "나의 목표는 고시원 위탁 사업이야. 청소부터 매출을 증진 시켜주는 마케팅까지 포함해서 첫 1년에 10곳 계약할 거야."를 말하고 다녔다.

그로부터 몇 개월 뒤.

"너 전에 말한 사업은 잘되고 있어?"

라는 질문에 아무 말도 하지 못하고 황급히 대화의 주제를 돌렸다. 나는 지난 몇 개월 동안 위탁 사업을 시작조차 하지 않았다. 분명 목표를 널리 알렸는데 정작 시작도 못 한 상황이 창피하게 느껴졌다. 그럼에도 따라 하기로 마음먹은 책의 내용이니 운동, 신문 읽기 등 작은 목표도 주변 사람들에게 알렸다. 하지만 예상과는 달리 목표를 위한 행동은 없었다.

오히려 주저하고 멀리했다. 왜 주저하는 걸까? 무엇이 문제인가? 서서히 목표를 알리는 방법에 의심이 생겼다. 내면에 무엇이 실행을 가로막는지 나를 들여다보았다. 바라본 나의 모습에는 언제나 남에게 인정받기 위해 살아가고 있었다. 누구보다 잘하고 싶고, 주목받고 싶어 했다. 하지만 마음대로 안 되면 이내 포기하고 변명했다. 이 상황과 마음은 목표를 말할 때도 반복적으로 나왔다.

'실패하면 어떻게 하지? 괜히 말했나?'

목표와 함께 나오는 실패의 두려움. 거기에 '알렸으니 더 잘해야 해!'라는 강박까지. 즉, 나는 목표를 말하면 실패의 두려움과 잘해야 한다는 강박에 부담을 느껴 시작조차 안 하는 사람이었다. 돌아보면, 목표와 도전을 남에게 알리지 않을 때는 실행에 잘 옮겼다. 고시원 운영과 경매 시도할 때는 주변 사람들에게 인정받을 생각이나 실패에 대한 두려움도 없었다. 또한, 내가 어떠한 결정을 내려도 눈치 볼 필요가 없었다. 누군가는 목표를 알리면 동기부여를 받아 잘하겠지만, 나는 그렇지가 않았다.

2024년 4월 나는 책 집필을 목표로 잡고 한 줄 한 줄 쓴 지 8개월이 지났다. 일부러 아내에게조차 말하지 않았다. 이후 원고가 마무리될 때쯤 지인들에게 출판사 직원을 아는지 물어보면서 알려졌다. 그때 소개받은 전 출판사 직원의 피드백으로 원고의 부족함을 알게 되었다. 그래서 나는 글을 다듬기 위해 교육을 신청했다. 만약 처음부터 "나 책 쓸 거야!"를 알렸다면 아마 이 책은 나오지 않았을 것이다.

나는 이 경험을 통해 중요한 교훈을 얻었다. 모든 사람에게 통용되는 성공 법칙은 없다는 것이다. 남들에게 목표를 공유하는 것이 누군가에게는 동기부여가 될 수 있지만, 나 같은 사람에게는 오히려 부담과 실패에 대한 두려움만 가중됐다. 목표를 공표하여 타인의 시선을 의식하고 기대에 맞추려 하다 보면 내 본연의 페이스와 방식을 잃게 된다. 진정한 성취는 남들의 기준이 아닌, 내 안의 동기와 기준에서 시작된다. 고시원 경매에서든, 책 집필에서든, 나는 타인의 시선에서 벗어나 오롯이 나만의 방식으로 목표에 집중할 때 비로소 성장할 수 있었다. 성장의 비결은 타인의 방법에 맹신하지 않고 나 자신에게 귀 기울이는 것에 있었다.

6
[극복]

나태함을 밀어낸 감사함

"행복한 사람들이 감사하는 것이 아니라, 감사하는 사람들이 행복하다."

- 프랜시스 베이컨

"나태함"

더 이상 내 삶에는 없다고 생각했던 단어.

고시원을 살리기 위해 힘차게 노력했던 3개월이 지났다. 그로부터 몇 개월간 내 인생에서 지금까지 벌어본 적 없는 수입, 활용할 수 있는 시간을 보상으로 받았다. 이 시기부터 나는 1주일에 세 번 출근하며 부족한 쌀을 채우고, 복도와 방 청소만 했다. 입실자들도 대부분 오래 거주하였기에 웬만한 불편 사항은 넘어가거나 직접 처리해 주었다. 물론 가끔 내가 처리해야 할 일이 있었지만, 별다른 사항은 없었다. 시간이 지나면 지날수록 고시원 걱정이 사라지고, 편하게 가족여행을 다녔다.

그러나 편하면 편할수록 내 마음속에서 새로운 문제가 자라났다. 4박 5일 여행을 몇 번 다녀와도 고시원에 별다른 일이 생기지 않자, 나는 어느새 1주일에 1~2번만 출근하게 되었다. 그래도 월세는 꾸준히 들어왔기에, 그마저도 귀찮게 느껴졌다. 내 삶에 나태함이 다시 고개를 들기 시작한 것이다.

'아 귀찮아, 전화 오면 가고 아니면 잠이나 자자.'
'오늘 비 내리니까 집에 있지 뭐.'

40분도 안 걸리는 곳인데도 나는 가지 않기 위해 합리화하며 변명을 늘어놓기 시작했다. 이 생각이 하루 이틀 쌓이면서 더 출근하지 않기 위해 방법을 찾았다. '쌀을 2주 치를 미리 채워놓으면? 청소 업체를 쓰자니 비용은 아깝고, 복도가 어두우니 좀 더러워도 잘 모르겠지?'라는 생각으로 출근을 차츰차츰 더 줄였다. 그럼에도 고시원은 문제없이 돌아갔다. 입실 문의를 제외하고 입실자들의 연락은 없었고, 평소와 같이 월세는 잘 들어왔다. 이 상황을 보며 굳이 갈 필요 없다는 생각이 확고해졌다. 어느덧 나는 한 달에 1~2번만 출근하는 원장이 되었다. 그렇다고 남는 시간을 활용해서 교육을 받거나 무언가를 공부하지도 않았다. 말 그대로 "나태함"의 표본이었다. 이때는 독서도 잘 하지 않고 집에서 잠만 자거나 TV를 보며 시간을 보냈다.

그 결과 불과 2주 만에 입실자 4명이 빠져나갔다. 이 상황을 보며 '알아서 다시 들어오겠지.'라는 오만함으로 출근하지 않고 2주를 더 보냈다. 이때 6명의 입실자가 추가로 빠져 한 달 만에 총 10명의 입실자가 나갔다. 입실자를 채우기 위한 3개월간의 노력이 한순간에 사라지는 순간이었다. 그럼에도 다시 노력하고 싶지 않았다. 당장의 편안함이 좋아서 이 상황을 해결할 생각이 없었다.

나태함은 일상에 파고들어 독서조차 게을리하는 상황에 이르렀다. 꾸준히 활동했던 독서 모임에서 상황을 털어놓았다. 회원들에게 경험과 조언을 들었지만, 그날따라 아무 말도 귀에 들어오지 않았다. 멍하니 앉아 있던 모임이 마무리되는 찰나 한 참가자가 『소심 토끼 유유의 내면 노트』라는 책을 주며, 편하게 읽기 좋다고 했다. 다음 날 나는 '읽어나 보자.' 하며 침대에 누워 선물 받은 책을 폈다. 읽은 지 10분 만에 책을 덮었다. 이유는 보기 귀찮아서가 아니라 너무 와닿는 부분이 있어서였다.

책 초반 「모든 문제는 엄마 탓」 문단에서 주인공 유유는 엄마에 대해 불평을 늘어놓는다.

"내가 외모에 불만이 많은 건 엄마가 어렸을 때부터 생긴 것에 대해 뭐라고 해서야.

미간을 찌푸리는 나쁜 버릇도 엄마를 닮아서 생긴 거고, 내가 사람들 눈치를 보면서 소심하게 살게 된 것도 엄마 눈치를 보면서 자랐기 때문이야. 엄마한테 맞춰 살다 보니까 이렇게 불행해진 거라고. 모두 엄마 때문이야!"

불평만 일삼는 주인공의 태도가 나를 돌아보게 했다. "지금껏 내가 게임에 빠지고, 마마보이로 큰 이유는 엄마 때문이야. 엄마한테 잘 보이려고 눈치 보면서 자랐어. 도움을 계속 주니까 내가 바보 됐어!" 스스로 일상을 점검하고 독립심을 기리지 못한 걸 엄마 탓으로 돌리며 살아온 내가 보였다. 이후 다음 문장에는 주인공의 질문과 함께 생각의 변화가 나왔다.

"정말 이렇게 살게 엄마가 나에게 강요했었나?"

"내가 아플 때 병원에 데려가 주셨어. 매일 약도 챙겨주시고, 배고플 때마다 따뜻한 밥상을 차려주셨지. 계절마다 예쁜 옷을 사주고, 용돈도 부족하지 않게 챙겨주셨어.
어지럽힌 방을 매일 청소해 주고, 빨래도 해주셨지."

이 문단을 읽고 곰곰이 생각에 잠긴 나는 침대에서 일어나 종이에 적기 시작했다.

1. 건강하게 낳아주셔서 감사합니다.
2. 잘 먹고 부족함 없이 살게 해줘서 감사합니다.

3. 기댈 곳이 있어서 감사합니다.
4. 폭행, 도박, 알코올 중독 등 문제 있는 부모님이 아니어서 감사합니다.
5. 예의범절을 길러주셔서 감사합니다.
6. 나의 아들을 사랑으로 봐주셔서 감사합니다.
7. 덕분에 편안하게 살고 있습니다. 감사합니다.

살면서 당연하다고 여겼던 것들, 이를테면 부모로부터 받은 건강한 신체, 아낌없는 지원을 곱씹어 볼수록 나는 '행운아'임을 깨달았다. 건강하게 태어나 세상을 볼 수 있고, 걸을 수 있고, 만질 수 있고, 느낄 수 있는 것만으로도 감사한 일이었다. 다 적고 난 뒤 나는 눈을 감으며 호흡에만 집중했다. 이유는 모르겠지만 편안해진 마음을 더 느끼고 싶었던 것 같다.

눈을 뜬 뒤 고시원에 대해 드는 생각을 솔직히 적어보았다.

1. 가끔 문제를 일으키는 입실자들 때문에 가기 싫어.
2. 알아서 돌아가는데, 굳이 갈 필요가 있나?
3. 귀찮아.

4. 입실자랑 마주치면 요구할 거 같아. 싫다.
5. 어두워서 기분이 가라앉아. (입실자들 생활시간이 달라 수면을 위해 조명이 어둡다.)

등 10가지가 부정적으로만 나왔다. 그 후 뒷장을 넘겨 감사한 것을 생각하며 적었다.

1. 덕분에 수익이 있어.
2. 가족과 나의 시간을 가질 수 있게 해주는 곳.
3. 문제가 있어도 해결될 때까지 기다려주는 입실자분들.
4. 고시원 사고가 없다(수도, 전기, 화재 등).
5. 인테리어, 응대, 홍보 등 새로운 경험을 하게 해준 곳.

등등.

마음가짐을 바꾸어 돌아보니, 고시원은 나에게 수입을 주며, 독서와 글쓰기 등 자기 계발을 할 수 있도록 시간적 여유도 제공했다. 내가 안정적인 생활을 영위할 수 있는 것은 고시원을 이용해 준 입실자들 덕분이었다. 마음 한쪽에 잊고 있던 감사함이 자리했다. 나도 모르게 "고마운 곳이네." 중얼거렸고 그 후로는 적은 걸 보면서 며칠간 일부러 육성으로 읽었다.

 이틀 뒤 고시원 가는 길이었다. 출근 시 매번 수리터널, 수암터널을 통과하는데, 지난 몇 개월간 아무 느낌도 없던 터널들이 그날따라 주변 자연과 함께 나를 감싸주는 포근함으로 다가왔다. 주차장에 도착해서 "오늘도 안전하게 도착한 것에 감사합니다." 하며 차에서 내렸다. 그리고 고시원 간판, 엘리베이터에 붙어 있는 고시원 스티커 등 보이는 족족 쓰다듬으며 "고마워."를 말했다.

 감사함을 말로 표현하며 의식적으로 되뇌어볼수록 고시원은 '가기 귀찮은 곳'에서 '고마운 삶의 터전'으로 변화했고, 입실자들을 보면 먼저 다가가 감사 인사를 했다. 생각의 변화후 1달이 지나자, 공실 8개가 다시 채워졌다. 감사한 마음이 그들을 데리고 온 건지, 아니면 시기가 맞아서 온 건지는 알수 없다. 하지만 확실한 건 감사함이 고시원을 대하는 나의 마음가짐을 변하게 했으며 이는 행동의 변화로 이어졌다. 깨끗이 청소하고, 또 감사와 친절로 고객을 응대하는 나의 태도가 입실자들에게 전달되었다고 확신한다.

곰곰이 생각해 보면 나는 지저분하고 기계적으로 응대하는 사장이 운영하는 식당을 안 간다. 마찬가지로 입실자들도 관리가 소홀하고 불친절한 고시원을 나가고 싶지 않았을까? 퇴실자가 늘어난 것은, 거슬러 보면 고시원에 대한 내 마음가짐과 태도가 부정적이기 때문이었다.

마음가짐이 달라지자, 가족과의 관계도 더 돈독해졌다. 사랑하는 아내와 아이에게 나랑 결혼해 줘서, 정신 차릴 때까지 기다려줘서, 태어나줘서 등 고맙다고 말로 표현하기 시작했다. 나를 두려워하던 모습은 사라졌다. 서로 많이 안아주고, 투덜, 짜증들도 많이 없어지며 웃을 일도 많아졌.

내가 최근에 들은 행복한 소리가 있다. 유치원 선생님들이 나에게 "아이가 집에서 사랑받는 게 느껴져요. 표현도 잘하고."라는 말했다. 듣자마자 눈시울이 붉어졌다. 나의 표현이 아들을 행복한 아이로 만들었다는 기쁨과 진작에 하지 못한 미안함이 몰려왔다. 감사의 표현을 시작하고 불과 1달쯤 되었을 때 들은 말이다. 그 이후 나는 더 자주 표현하고자 노력하고 있다.

감사함으로 변화한 삶을 직접 느끼고 나는 궁금증이 들었다. '감사함이 무엇이기에 대하는 태도가 달라질까?' 궁금증을 해결하기 위해 위인들과 명언을 찾았다. 그중 내가 고시원을 아끼게 되고, 가족을 더 사랑하게 된 이유를 알게 해준 글이 있다.

> "감사는 사랑의 시작입니다. 감사할 줄 모르면 사랑할 줄도 모릅니다."
>
> - 마더 테레사

감사는 사랑이었다. 그리고 이 사랑은 계속 자라날 것이다. 고시원 입실자들에게, 매일 함께할 가족에게, 그리고 모든 경험을 통해 성장하는 나 자신에게 더 많은 감사와 사랑을 표현하며 살아갈 것이다. 이제 '나태함'은 다시 내 삶에서 사라졌다. 하지만 이번엔 다르다. 억지로 밀어낸 게 아니라 감사함이 자연스럽게 밀어냈다. 매일 작은 것에 감사하다 보니 게으름 피울 틈이 없어졌다. 감사함이 나를 움직이게 하고, 그 움직임이 더 큰 감사함을 불러온다. 나태함이 독이었다면, 감사함은 약이자 영양분이었다.

7
[전환]

"Just Do Well"이 아닌 "Just Do it"

"생각에 머물지 말고, 그냥 해. 그게 삶이야."

- 영화 <위플래쉬> 중에서

고시원이 잘되고 출근을 안 해도 된다는 나태함에 집에 있었다. 그러면서 독서, 지인들과의 만남까지도 귀찮아졌다. 밖으로 나가지 않고 거실에 누워 TV를 보며 살았다. 리모컨을 손에 쥐러 가기 귀찮아서 몇 시간 동안 채널을 돌리지 않고 그냥 본 적도 많다. 극심한 나태함은 무기력으로 접어들기 직전이었다. 그래도 서울에서 하던 독서 모임은 꼭 나갔다.

독서 모임에서는 본인이 읽은 책을 간략하게 발표하고, 소소한 경험담이나 독서로 얻은 깨달음을 공유했다. 참가자 중에는 영국에서 어릴 적부터 피아노를 해온 사람이 있었다. 그녀는 피아니스트가 되기 위해 피아노만 있는 작은 방에서 하루에 몇 시간을 보냈다고 했다. 그러면서 "힘들지만, 했어요. 잘 되든, 안 되든 그 방에 들어갔어요."라고 말했다. 나는 그 이야기를 듣고 집에 가는 길에 김연아 선수의 영상이 생각났다.

리포터 : "무슨 생각 하면서 스트레칭을 하세요?"
김연아 : "무슨 생각을 해. 그냥 하는 거지^^"

김연아 선수의 영상을 보기 위해 검색하자 다양한 동기부여 영상이 나왔다. 시선이 가는 대로 훑어보다가 흥미로운 사실을 발견했다. 어떠한 영상에서도 "잘"을 강조하지 않았다. 유명 브랜드의 슬로건도 "Just Do it."이지 "Just Do Well."이 아니었다.

돌아보면 나는 "잘"해서 부모님께 인정받고, 남들에게 "잘" 보이기 위해 거짓말을 서슴없이 했다. 이렇듯 내 삶의 기준은 "잘"이었다. 돌이켜보면, 지금까지 내가 실행에 옮겨 도전한 일들은 남들에게 알리지 않았다. 누군가에게 인정받기 위한 게 아니라 스스로 묵묵히 해온 일들이었다. 즉, 그 일들의 중심은 "잘"이 아니었다. 또한, 유명 운동선수들의 동기부여 영상을 시청하면 항상 나오는 이야기가 있다. 그건 바로 "하다(Do it)"이다. 이 얘기를 정리하면 성장의 기준은 "잘(Well)"이 아닌 "하다(Do it)"였다.

정리가 끝난 뒤 나는 "하다(Do it)"를 위해서는 어떻게 해야 하는지 고민했다. 그러다 '오늘 비 오니까 헬스장 다음에 가자.', '어차피 있다가 일어나니 그때 과자 봉지 버리자.'라는 식으로 합리화하는 일상생활 속 내 모습이 떠올랐다. 또 고시원 빈방이 생기면, 바로 청소하지 않고 다른 빈방이 나올 때까지 미룬 뒤 몰아서 청소하던 내 모습이 기억났다. 곰곰이 들여다보니 나는 생각하면 할수록 안 하고, 미루고, 합리화하는 사람이었다.

그래서 내가 내린 결론은 '생각 안 하기.'다.

해야 할 일이 생각나는 순간, 상황이 되면 '생각하지 않고' 바로 의식적으로 행동에 옮겼다. 예를 들면, 다 먹은 과자 봉지를 '있다가 일어날 때 버리자.'가 아니라 그냥 일단 일어나는 것이다. 또 다른 방법은 최근 성장한 나를 보며 스스로에게 "잘하고 있어."라고 칭찬하고 있었는데 그 말도 "잘"이라는 단어를 빼고 "했어? 자랑스럽다."로 바꿨다. 즉, 나의 인생에서 "잘"을 빼기 위해 생각과 말을 바꾼 것이다. 그 이후 나의 주변에는 과자 봉지, 코 푼 휴지 등 자잘한 쓰레기들이 없어졌다. 그리고 고시원에 빈방이 나오면 바로 청소했다. 할 일을 '생각 없이' 진행하자 생각지 못한 좋은 일도 생겼다.

어느 날 22호가 빈방이 되면서 기존 공실이었던 21, 23호와 함께 줄줄이 공실이 되었다. 예전 같으면 다른 빈방이 나올 때까지 청소를 미뤘을 텐데 그날 오전에 '생각 없이' 바로 정리했다. 정리를 다 한 뒤 카페에서 경매 공부를 하고 있는데, 그날 저녁 8시에 전화가 왔다.

"인근 공장 사장인데, 혹시 붙어 있는 3개 방 있어요? 지금 건물 앞이에요."라는 내용이었다. 아침마다 근로자들을 같이 차 태워서 출근할 수 있도록, 세 방이 꼭 붙어 있었으면 한다고 했다. 나는 당당하게 "네. 있어요. 올라오세요."라고 대답했다. 계약은 이뤄지지 않았지만, 미루지 않고 22호를 청소했기에 보여줄 기회가 있었다. 만약 예전같이 청소를 미룬 상태에서 전화를 받았다면, 소개조차 못 했을 것이다. 또한, '청소해야지.' 생각만 하고 미룬 내 모습에 실망하고 후회했을 것이다. 문의를 마무리하고 집으로 가는 길에 계약을 못 이룬 아쉬움은 하나도 없었고, 할 일을 '생각 없이' 진행한 내가 자랑스러웠다.

  그 후 시간이 흘러 2025년 3월, 나는 나의 성장 과정을 많은 사람들에게 공유하고 싶어 책 집필이라는 목표가 생겼다. 글을 쓰면 쓸수록 깨달음과 실천 방법을 더 많은 사람과 나누고 싶은 열망은 점점 커졌다. 어떻게 하면 효과적으로 전달할 수 있을지 고민하다가, 직접 사람들 앞에 서는 나의 모습을 떠올렸다. 그 상상은 강사라는 새로운 도전의 시작이 되었다. 마침, 타 지자체에서 강사 육성 과정을 운영한다는 소식을 접하고 서류를 냈다. 하지만 지원 자격은 해당 지역 청년이 우선이었기에 나는 불리했다. 그럼에도 '그냥 해보자.'라는 생각뿐이었다. 처음에는 선발되지 않았지만, 일주일 뒤 기존 선발자가 빠지면서 대기자였던 내가 합류할 수 있었다. 만약 망설이며 신청을 늦췄다면 기회조차 잡지 못했을 것이다.

강사 육성 과정은 수요일 저녁에는 발성, 기획서 작성법 같은 기본 교육, 토요일에는 코딩, 환경, 보이스피싱 등 학교 대상 주제별 교육으로 진행됐다. 출강 기회는 주제별 교육을 들어야만 주어지는 조건이었다. 일정표를 확인해 보니 해당 기간 가족여행과 15년 지인의 결혼식까지 겹쳐 있었다. 평생 한 번뿐일 소중한 자리를 함께하지 못하는 건 아쉬웠지만, 나는 출강 기회를 놓치고 싶지 않았다. 결국 가족여행은 미루고 지인의 결혼식에도 불참했다. 순간적인 미안함은 있었지만, 내게는 배움과 실천의 흐름을 이어가는 것이 더 중요했다.

곧바로 강사로 선발되는 건 아니었지만, 매일 밤 10시에 연습하고 강의 다음 날에도 시간을 내어 복습했다. 두 달 동안 강사가 되기 위한 토대를 쌓았다. 강의 중 수강생이 직접 진행해 보는 시간이 종종 있었다. 나는 그 시간도 사람들 앞에서 발표 연습을 할 수 있는 기회라 생각했다. 그래서 빼지 않고 앞으로 나갔다. 또한, 일부러 제일 먼저 하려고 했다.

그 이유는 발표하기 전까지 나의 발표만 생각하느라 다른 사람에게 집중하지 못하기 때문이다. 하지만 먼저 하면 이후 다른 사람은 어떻게 말하는지, 좋은 단어가 있는지 등을 집중해서 들을 수 있다. 어느새 나는 모든 강의에 빠지지 않고 참여하며 어떤 기회도 놓치지 않는 사람이 되어 있었다. 강의 막바지 출강 기회가 서서히 주어지기 시작했고, 나는 모든 출강을 신청하며 감사하게 기회를 얻었다. 이 모습을 본 한 수강생이 내게 말했다.

"주한 씨는 자신감이 장난 아니에요."

그러나 실제 나는 발표할 때마다 심장이 뛰고 손을 떤다. 대학 시절 발표 때 교수님에게 "술 먹고 왔냐? 왜 이렇게 손을 떨어?"라는 말까지 들은 적도 있었다. 그럼에도 먼저 나선 이유는 단순했다. "Just Do It."을 실천하기 위해서였다. 그리고 신청 전에는 '내가 할 수 있을까? 실수하면 창피한데.'라는 불안이 앞선다. 하지만 신청하고 나면 곧 '어떻게 준비하지?'라는 생각으로 바뀐다. 그렇기에 두려움과 부정적인 생각이 자리 잡기 전에 먼저 손을 드는 것이다. 그것이 다른 사람 눈에는 자신감처럼 비친 것 같다. 최근 유튜브 〈채널십오야〉에서 가슴에 너무나도 와닿는 이야기를 봤다.

"Just do it, 정말 좋잖아. 그냥 해야 돼. 이거저거 생각하잖아? 아무것도 안 돼. 운동하기 싫어도 일단 신발 신어, 현관에서 고민하더라도."

- 유해진 배우

나는 전적으로 동의한다. 하지만 아직도 쉽지 않다. 매번 의식적으로 바로 일어나려고 힘쓰고 있다. 오죽하면 안방 벽에 "집에서 나가. 지금 안 하면 예전으로 돌아간다."라는 문구도 붙여놨다. 또, "불안한 이유는 할 일을 안 했기 때문이야. 하자!"를 현관에 붙여놨다. 그 어디에도 "잘"은 없다. 오로지 "해(Do)"만 있다. 기준을 바꾼 뒤 잘해야 한다는 부담감과 실수에 대한 두려움은 예전보다 사라졌다. 이제는 어떠한 일을 준비할 때 '해보자.'라는 생각으로 마주하고 있다.

8
[배움]

교육의 자리에서 얻은
네 가지 보물

"나는 배움으로 성장했고, 배움은 언제나 사람들과의 만남에서 시작되었다."

- 소크라테스

1. 투자한 만큼 집중하게 된다는 진리

고시원을 운영하기로 결심한 뒤 관련 서적을 읽었다. 하지만 부족함을 느끼게 되면서 전문 강의를 찾게 되었다. 강의는 온라인과 오프라인 두 종류가 있었다. 온라인 강의는 시간과 비용을 절약할 수 있으면서 반복 학습이 가능한 장점이 있었다. 하지만 고등학생부터 온라인 강의를 들을 때마다 집중하지 못했던 경험 때문에 '과연 제대로 학습할 수 있을까?'

라는 의문이 들었다. 오프라인 강의는 비용 부담이 크지만, 투자한 만큼 더 진지하게 임할 것 같았다.

그래서 내가 선택한 것은 오프라인 강의였다. 신청한 고시원 강의는 평일 저녁 시간이고, 왕복 3시간 거리였지만, '이 정도 비용을 투자했으니 반드시 가야지.'라고 생각하며 다녔다. 강의실에 도착해서도 자연스럽게 강의료를 생각하며 투자 대비 최대한의 효과를 얻기 위해 집중했다. 또한, 나뿐만 아니라 그곳에 있는 수강생들의 진지한 모습과 분위기가 자연스럽게 전달되면서 더욱 집중하게 되었다.

나는 대학교에서도 강의를 끝까지 들은 적이 없다. 아프다는 핑계, 안 가도 된다는 합리화로 자주 불참했다. 그런데 이번 강의는 수강료가 높고, 부모님의 돈이 아닌 내 돈이 투입되어서 그런지 끝까지 참여하며 집중했다. 평소 강의를 들으면서 해본 적이 없는 필기와 질문까지 적극적으로 하게 되었다. 오프라인 강의는 강의 시간을 놓치면 온라인 강의처럼 다시 볼 수 없다. 그래서 단 몇 분이라도 놓치지 않기 위해 항상 20분 전에 도착했다. 이런 물리적 제약이 오히려 나에게 강한 책임감을 심어주었다.

이 경험을 바탕으로 경매 공부도 오프라인 강의로 신청했다. 역시 투자한 만큼 최대한 활용하겠다는 마음으로 집중했고, 낙찰까지 이어졌다. 이후 다른 공간대여 사업에 관심이 생겨서 강의를 찾았다. 이번 강의는 지금까지 많은 교육비 지출로 비용을 절감하기 위해 온라인 강의로 신청했다. 결과는 최악이었다. 여전히 집중하지 못했고, 제대로 보지도 않았다. 가장 최근에 들었던 교육임에도 기억에 남는 것이 없었다. 이후 나는 내게 적합한 학습 방식이 오프라인 강의라는 것을 확실히 깨달았다.

오프라인 강의에서는 강사분의 경험을 현장에서 더 생동감 있고 자세하게 들을 수 있다. 몇 년 전 영상이 아닌 현재 시점에 맞춰서 들을 수 있는 장점도 있다. 또 궁금한 내용을 그 자리에서 제대로 전달할 수 있어서 좋았다. 메일, 문자와 같은 매체를 통한 질문은 간혹 원하는 답이 아니어서 다시 물어보는 경우가 있었다. 그러면 나는 대답을 기다리는 동안 집중력이 떨어져서 수업과 관계없는 행동을 했다. 다시 집중하기 위한 시간도 오래 걸렸다. 하지만 현장에서 바로 질문하면 정확하고 빠르게 답을 얻을 수 있었다.

예전 고시원 3주 차 강의가 끝나고 매물 선택을 위해 강사님과 얘기를 나눈 적이 있다. 매물을 확인뿐 아니라 나의 금전적인 상황, 거리, 선택의 기준까지 이야기를 나눴다. 내가 얼마나 집중했는지, 2년이 지난 지금도 이때의 강사와의 거리, 나눈 대화 등이 생생하게 기억난다.

물론 온라인 강의도 장점이 있다. 하지만 나에게 오프라인 강의는 단순한 학습을 넘어 집중력을 최대로 높이는 경험이었다. 제한된 시간과 공간에서 오는 긴장감, 강사와의 실시간 소통, 함께 배우는 동료들과의 만남까지. 이 모든 것들이 합쳐져 온라인 강의에서는 절대 얻을 수 없는 집중력을 주었다. 비용이 더 들고 시간이 오래 걸려도, 나는 앞으로도 오프라인 강의를 선택할 것이다. 나에게 진짜 집중력은 현장에서 일어나기 때문이다.

2. 배움의 자리에서 만난 좋은 사람들

"근묵자흑"
"주변 사람을 알면 당신을 알 수 있다."

주변 환경의 중요성은 동서양을 막론하고 오래전부터 강조되어왔다. 이처럼 전 세계 공통으로 나타나는 지혜에는 분명한 이유가 있다고 생각해서 나 역시 내 삶에 적용해 보고 싶었다. 그렇다면 어떻게 해야 좋은 주변을 만들 수 있을까? 이 궁금증을 해결하기 위해 자기계발서를 찾아봤고, 책에서 제시하는 방법은 독서와 세미나였다. 존경하는 멘토를 직접 보기 어려우니 독서로, 직접 만날 수 있는 세미나가 있다면 신청을 통해서 만나는 방법이다. 나는 이미 독서를 진행하고 있었기에 두 번째 방법인 세미나를 찾아다니기 시작했다.

무료부터 수십만 원을 지출해 가며 아내와 같이 다녔다. 하지만 주변 환경은 그대로였다. 게임 대신 독서하면서 자연스럽게 게임 사람들과 연락이 뜸해진 게 전부였다. 세미나가 끝나면 각자 집 가기에 바빴고, 그 사람들을 잡고 말을 걸기도 쉽지 않았다. 또한, 강의자를 만나러 가도 인사만 하고 돌아왔다. 많은 사람이 강의자와 인사를 하기 위해 기다리니 나를 소개하는 건 쉽지 않았다. 결국 세미나를 통해 주변을 바꾸는 욕심은 포기했다. 그래서 지금은 깨달음을 얻기 위해서만 가고 있다.

앱을 통한 모임도 찾아보았다. 내가 희망하는 독서, 자기계발 모임 등에 신청서를 작성한 뒤 참여했다. 나는 새로운 사람을 만나고, 낯선 사람과 이야기를 서슴없이 잘한다. 하지만 이미 관계가 형성되어 있는 이전 참가자들 사이에 들어가는 건 쉽지 않았다. 몇 번 참석했지만, 결국 안 나가게 됐다.

의도하지 않았지만, 고시원 사업, 경매를 위해서 참여한 오프라인 강의가 나의 주변을 바꾸기 시작했다. 모든 첫 강의 때는 서로 서먹하기에 말이 없다. 하지만 회차가 지날수록 대화가 많아졌다. 처음에는 강의 내용으로 대화가 시작되고, 갈수록 각자의 이야기를 통해 서로 알게 되었다. 경매를 같이 수강한 사람 중에는 세무사, 사업가, 유명 플랫폼 직원 등 다양한 직종에서 종사하는 사람들이 있었다. 평소 게임에 갇혀 있던 내가 접할 수 없었던 새로운 분야의 사람들이었고, 자연스럽게 나의 인적 네트워크가 확장되기 시작했다.

2024년 말 새로운 공간대여 사업을 준비하면서 세무를 몰라서 고민했다. 그 사업이 일반사업자, 간이사업자, 법인 중 무엇이 맞는지 알고 싶었다. 그리고 이유도 궁금했다. 주변 세무사를 전화해서 물어보자니 상담비가 부담이었고, 상담 시간에 내가 놓치거나 나중에 생각나는 부분이 생기면 선뜻 다시 찾아갈 수도 없을 것 같았다. 문득 경매 과정을 함께 수강한 세무사가 떠올라 자문했다. 감사하게도 그분은 나의 궁금증을 말끔하게 해결해 주며 세무적으로 맞는 사업자를 알려줬다.

공간대여 사업도 그때 알게 된 사업가에게 배운 것이다. 나는 공간대여 사업은 단순히 인테리어, 홍보, 청소만 잘하면 된다고 생각했다. 하지만 그분에게 배우면서 내가 무지했다는 걸 알았다. 가장 와닿았던 내용은 나의 욕심과 고객들의 희망은 다르다는 점이다. 예를 들어, 내가 좋아하는 말인 "카르페디엠"으로 카페 간판을 만든다면? 내가 생각한 뜻은 '카페에서의 순간에 충실하라. 현재를 즐겨라.'로 좋은 의미겠지만, 정작 고객들은 여기가 무엇을 하는 곳인지 모르고, 간판의 뜻에는 관심이 거의 없다. 그래서 고객들이 편할 수 있게 의자와 책상, 고객들 간의 간격 등에 더 집중하라는 조언을 받았다. 나는 고객의 편리, 아늑하고 쾌적한 공간 제공에 신경 쓰며 사업을 진행했다. 그러자 대여 서비스에 만족

했다는 고객 평이 주를 이루며 감사하게 많은 분이 이용 중이다.

  새로운 관계는 또 다른 관계를 만들어 주었다. 독서에 취미가 생긴 뒤 나는 깨달음을 공유할 수 있는 모임을 찾고 있었다. 이 얘기를 사업가 지인에게 하자 "저 독서 모임 하는 거 있어요. 오실래요?" 하며 초대했다. 나는 곧바로 수락하고 바라던 독서 모임에 참석했다. 첫 모임부터 나의 머리는 멍해졌다. 32살에 회사를 매각해서 부를 축적했지만 다른 꿈을 위해 나아가는 참석자, 다양한 사업가, 직장 다니면서 배움을 위해 시간 투자하는 사람 등. 열정과 성실, 끈기를 겸비한 그들 앞에서 나에 대해 설명하기가 부끄러워서 말도 하지 못했다.

  게임만 하며 살아온 내가 너무 한심하게 느껴서 그날은 아무것도 손에 잡히지 않았다. 원하는 삶의 방향이 뚜렷하고, 구체적인 목표가 있으며, 게다가 실행력까지 겸비한 그들은 나에게 커다란 동기부여가 되었고, 나는 모임에 매번 참석했다. 당연히 게임 시간은 줄어들고, 서서히 모임에서 나누는 깨달음들과 무언가를 배우기 위해 노력하는 사람들로 나의 주변이 채워지게 되었다.

  나의 나태함으로 수개월 동안 쌓은 고시원과 독서 습관까지 무너지고 있었다. 한 달 동안 입실자 수가 급격히 줄어들었음에도 움직일 생각이 없었다. 그 시기 내리막으로 가던 나를 잡아준 곳이 독서 모임이었다. 한 참가자의 피아노 이야기 덕분에 "Just Do it."을 생각하는 계기가 됐고, 다른 참가자가 빌려준 책 한 권으로 나는 "감사함"을 깨닫게 되었다. 덕분에 나태함에서 나올 수 있었고, 고시원을 다시금 잘 운영할 수 있었다. 주변의 중요성을 몸소 경험한 순간이었다.

  오프라인 강의에서는 관계 형성을 위해 '어떻게 하면 될까?'라는 걱정을 하지 않아도 됐다. 같은 공간에서 같은 주제로 비슷한 목표를 가진 사람들의 만남이다. 그렇기에 관계 형성에서 가장 중요한 공감대가 이미 자연스럽게 이루어진 상태다. 강의 내용을 함께 이야기하고 공유하며 관계가 깊어졌고, 형성된 관계는 또 다른 새로운 관계로 확장되어 나갔다. 결국 내가 찾던 '좋은 주변'은 억지로 만드는 것이 아니라, 배움의 공간에 가면 자연스럽게 만들어지는 것임을 깨달았다.

3. 시야의 확장, 나는 다른 길을 알았다

성인이 된 후 처음으로 수강한 오프라인 강의는 쇼호스트 학원이었다. 당시 영업직을 하던 나는 TV에서 맹활약하는 홈쇼핑 쇼호스트를 보며, 수입이 높겠다고 생각해 학원에 등록했다. 그때도 돈이 없었기에 12개월 할부로 약 600만 원을 내고 배우러 갔다. 어조와 발성 등을 배우며 쇼호스트가 되기 위해 노력했지만, 합격하지 못했다. 하지만 동기 수강생들 덕분에 새로운 직종을 알게 되고 다른 방법으로 돈을 벌게 된다. 쇼호스트 학원을 등록할 때 나는 오로지 TV 홈쇼핑에서만 일할 수 있는 줄 알았다. 그런데 동기 수강생들이 라이브 커머스(온라인 홈쇼핑)를 이야기했다. 생소하지만, TV 홈쇼핑 면접에 대비할 수 있고, 여러 물건을 공부할 기회로 보였다.

덕분에 새로운 방향을 알게 되면서 관련 회사 면접을 봤다. 합격 되어 스튜디오에서 촬영하는 경험과 수입이 생겼다. 더 나아가서 동기 수강생 중 한 명은 관련 회사를 차리고 온라인 방송에 출연시켜주기까지 했다. 지금까지 약 4년간 단백질 보충제, 채소, 과일, 노트북, 가방 등 다양한 제품을 판매했다. 수강생들 덕분에 라이브 커머스를 알게 되었고, 감사하게 최근까지 부업으로 이어져 생활과 교육에 보탬이 되고 있다.

그뿐만 아니라 새로운 관점의 질문은 시야를 넓히는 계기가 됐다. 쇼호스트 강의 중 공채 모집하는 시기가 왔다. 공채는 1차 영상 제출, 2차 면접관 앞에서 판매 시연, 3차 최종면접 순으로 진행된다. 워낙 지원자가 많기에 1차 영상이 중요했다. 나는 발성과 메이크업에 신경 쓰고 있었다. 어느 날 강의가 끝난 뒤 한 수강생이 "1차 영상을 제작해야 하는데, 혹시 홈쇼핑 회사마다 특징이 있나요?"라는 질문을 했다.

그러자 현직 쇼호스트인 강사님은 좋은 질문이라면서 홈쇼핑 채널별 역사부터 "CJ는 높은 텐션, 현대, LG, 롯데는 무게감 있는, NS홈쇼핑 주 상품은 농산물이기에 리포터 같은 느낌의 사람을 선호해요. 그리고 방송 분위기나 진행 방식도 차이가 있어요."라고 대답해 줬다. 몇 년 전이기에 지금은 다를 수 있다. 답을 듣고 집에서 홈쇼핑을 쭉 확인해 보니, 강사의 말처럼 다름이 보였다. 이 질문 이후 수강생들은 해당 회사에 맞춰 각각 다른 목소리 톤, 이미지를 담은 1차 영상을 제출하기 시작했다. 그러자 전보다 합격자가 늘었다.

 오프라인 강의를 들으면 내가 생각지도 못한 질문이 나오는 경우가 은근히 많이 있다. 그럴 때마다 '와, 어떻게 저런 생각을 하지? 와, 저런 방법도 있겠구나.' 하며 신선한 충격을 선사한다. 듣기만 해도 시야가 넓어지는 느낌이었다. 그래서 이제는 오프라인 강의에서 다른 사람들의 질문에 더욱 귀 기울이게 되었고, 그 질문들이 나에게 새로운 생각의 문을 열어준다는 것을 알게 되었다. 이런 경험을 통해 배움이란 혼자 하는 것이 아니라 함께 나누며 성장하는 것임을 깨달았고, 앞으로도 다른 사람들의 질문과 시각을 통해 더 넓은 세상을 경험하고 싶다.

4. 같은 길에 선 사람들로부터의 진정한 조언과 공감

 "입실자 중에 고독사가…."

 고시원 운영 중 가장 아찔한 순간이었다. 입실료를 잘 내던 한 입실자가 처음으로 미납한 상황이어서 조심스레 문을 두드렸다. 방문 건너로 "죄송해요. 진짜 제가 꼭 드릴게요." 라는 말이 들려왔다. 장기 입실자분이고 한 번도 밀리지 않았기에 한 달의 유예기간을 줬다. 하지만 다음 달이 되어도 소식이 없었다. 다시 방문을 두드리자. 문 근처에서 썩은 내가 풍겼고 희미하게 "죄소…요…. 으으…."하고 소리가 들려왔다. 불안감에 강제로 문을 열고 싶었지만, 그럴 수 없었다. 그랬다가는 거주침입죄가 성립되기에 답답해하며 고민하던 찰나에 고시원 수강생들이 있는 단체 메신저 방이 떠올랐다.

처한 상황을 설명하니 현재 고시원 운영 경험이 많은 원장들이 실질적인 조언들을 해주었다. "경찰에게 현재 상황을 이야기하고 대동하세요." 그 말에 경찰관과 대동 후 문을 여니 지독한 냄새와 함께 바닥에 누워있는 입실자가 보였다. 다리를 다쳐 움직이지 못해 거의 2달간 먹지 못해 뼈밖에 없는 상태. 화장실도 가지 못해 대소변이 그대로 흘러나와 있었고 살들은 썩어 있었다. 고독사 직전이었다.

경찰과 구급대원의 도움으로 한숨 돌렸지만, 언제까지나 그들에게 의지할 수는 없었다. 다시 원장들과 강사에게 도움을 요청했다. 그때 지역 보건소나 복지과에 관련 지원이 있는지 확인해 보라는 조언이 나왔다. 복지과를 찾아서 전화해

보니 한 달에 한두 번 주기적으로 방문을 해주기로 했다. 또한, 치료를 받을 수 있게 병원을 연계해 보겠다고 했다. 그리고 다는 아니지만 미납된 월세도 나에게 전해 줬다.

그로부터 2개월 뒤 감사하게도 한 대형 병원에서 그를 받아줬고, 입원해서 치료를 받게 되었다. 몇 주 뒤 "살려주셔서 정말 감사합니다. 곧 치료 끝나면 일해서 남은 월세도 드릴게요."라고 전화가 왔다. 나는 미납금은 괜찮다고 했고 그 전화를 끝으로 관련 사건은 끝이 났다. 이 사건은 같은 일에 종사하는 사람들 조언의 힘이 얼마나 든든한지 느끼게 된 경험이었다. 큰 사건뿐 아니라 쌀, 에어컨, 비품 등 가성비 있는 제품을 공유하고 관련 지원 사업이 있으면 링크를 걸어주어 운영비까지도 절약할 수 있었다.

나는 예전부터 주변 지인들에게 조언을 구했다. 이번에도 사업 운영이 어려울 때 지인에게 털어놓으면서 조언을 얻기는 했다. 나를 걱정해 주고 고민해서 답을 해주는 모습은 고마웠지만, 와닿지는 않았다. 현실적 이해와 공감이 부족한 상태에서 나온 답변이었기 때문이다. 반면 오프라인 강연 네트워크를 활용하는 게 효과적이었다. 경험치를 토대로 실질적 조언을 할 수 있는 사람에게 도움을 요청할 수 있기에 적극 활용하고 있다.

돌아보면 강의실에서, 사람들과의 만남에서, 그리고 예상치 못한 사건 속에서 얻은 배움은 단순한 지식이 아니었다. 그것은 현장에서 진짜 힘을 발휘하는, 나를 단단하게 만든 네 가지 보물이었다.

9

[균 형]

조급함을 버리고
차근차근 나아갔다

"한 번에 모든 것을 가지려 하면, 결국 아무것도 가지지 못한다."

- 『부자 습관, 가난한 습관』, 톰 콜리

"오빠 우리 가족여행 갈까? 조급해 보여."
언제나 말없이 나를 믿어주던 아내가 한 말이다.

내가 반백수에 게임만 하던 시절에도 아내는 나를 믿고 말없이 기다려줬다. 나태함에 고시원 출근을 안 했을 때도 나에게 어떠한 잔소리와 조언은 하지 않았다. 그랬던 아내가 어느 날 나의 손을 잡고 말했다. "오빠 얼굴색이 안 좋고 조급해 보여." 나는 그 말에 적잖이 당황했다. 감사함으로 다시금 마음을 잡고 사업, 자기 계발을 즐겁게 하고 있다고 생각했기 때문이다. 귓가에 맴도는 아내의 걱정 어린 말에 나를 돌아봤다. 수입 면에서 보자면, 분명 1년 전보다 고시원 운영과 상가 임대료로 인해 경제적으로 여유가 생겼다. 그리고 가족과의 관계도 좋아졌다. 그런데 조급해 보인다고? 이 말이 머릿속에서 떠나지 않았다. 조급함을 느낀 '반복적인 상황'이 있는지 돌아봤지만, 없었다. "조급함"은 내 인생에 처음 들어왔다.

'누구보다 성공하고 싶은가?', '엄청난 성장을 하고 싶은가?'
아니다. 나는 누구보다 성공한 삶에 욕심을 부리지 않았다. 과거보다 성장한 나 자신이 자랑스러울 뿐이다.

'아내가 그냥 한 말인가?'
그것도 절대 아니다. 언제나 상대방을 생각하며 말을 아끼는 아내가 그냥 뱉었을 리 없다. 이 얘기는 독서 모임에서도 해답을 찾을 수 없었다. 오롯이 스스로 찾아야 했다. 일단 답을 알 수 없지만 '조급한 이유가 무엇일까?'라는 생각을 반복적으로 했다. 약 1달이라는 시간이 흘러 답을 찾게 되었다. 그건 성장이 멈춰 있다는 정체감과 습관 욕심이었다. 내 삶은 독서, 명상이 습관으로 자리 잡으면서 많은 변화가 있었다. 이를 몸소 경험하면서 습관이 중요하다는 걸 알게 되었다. 그래서 더 많은 좋은 습관으로 내 삶을 더 변화시키고 싶은 욕심이 강했다.

매일, 매시간을 '좋은 습관이 무엇일까?', '무엇을 바꾸면 될까?'라는 질문으로 채우며 지냈다. 또한 나는 아들을 나와 같은 마마보이로 키우기 싫었다. 독립심을 길러주어 스스로 나아가도록 돕고 싶었다. 그렇다고 배움을 강요하고 싶지 않았다. 그 시기 읽었던 책 『부자 습관 가난한 습관』에 나온 "부자는 자녀에게 부자의 습관을, 빈자는 가난의 습관을 물려준다."라는 내용이 깊게 와닿았다. 그 이후 아들에게 좋은 습관을 물려주겠다고 다짐했다.

그렇다면 아들에게 좋은 습관을 '어떻게 물려줄까?' 고민했다. 알게 된 방법은 '습관 보여주기'였다. 나는 독서 습관이 잡힌 후 집뿐만 아니라 가족여행에서도 시간이 나면 책을 폈다. 그러자 아들이 자연스레 따라 하더니 스스로 책을 읽었고, 4살부터는 글자를 읽게 되었다. 또한 나는 2023년부터 벽에 중요한 일정을 적고, 와닿는 말을 포스트잇에 붙여 왔다. 그것도 아들은 따라 했고, 5살에 글자를 쓰게 됐다. 자녀는 부모의 거울이라는 표현이 딱 맞았다. 이 모습을 보면서 부모의 습관이 자녀에게 지대한 영향을 미친다는 사실을 실감했다. 그 후 나는 나의 성장과 아들의 습관을 위해 강박처럼 좋은 습관을 찾았다. 찾은 뒤에는 어떻게든 삶에 적용하려고 했다.

1. 스스로에게 "사랑한다. 너는 가치 있는 사람이야." 말하기
2. 팔굽혀펴기
3. 팩하기
4. 아침에 "좋은 아침, 행복한 하루" 하기
5. 전철과 버스에서 독서
6. 운전 끝나고 "안전하게 도착해서 감사합니다." 말하기
7. 하루에 명상 10초씩 두 번
8. 아들 안아주기
9. 아내에게 "오늘도 고마웠어." 인사
10. 영어 회화 30분
11. 스트레칭

등등. 한 달 만에 생긴 습관들이다. 정확히는 억지로라도

습관으로 만들려고 했다. 돌아보니 너무 많았다.

 좋은 습관에 관한 지나친 욕심이 쌓이며 나는 지쳐간 것이다. '좋은 습관이 형성되는데, 왜 지칠까?'라는 궁금증이 생겼다. 그래서 나는 제대로 된 습관을 위해 관련 책을 구매했다. 『아주 작은 습관의 힘』에서 "습관이 형성되지 않은 시기에는 에너지 소비가 많다."라는 식의 말이 있다. 예를 들어 습관적으로 얼굴을 손으로 만질 때 우리가 의식적으로 힘을 쓰지 않는다. 그리고 손으로 만졌는지 기억 못 할 때도 많다. 그만큼 에너지 소비가 없다는 뜻이다. 하지만 얼굴에 묻은 먼지를 떼기 위해서는 의식적으로 손에 힘을 줘야 한다. 얼굴에 손을 가져다 대는 행동은 같지만, 습관은 에너지 소비가 적고, 의식적인 행동은 에너지가 들어간다. 또한, 습관은 평균적으로 66일을 반복해야 만들어진다고 한다. 이 수치는 평균이기에 내가 66일 걸리는지, 100일이 걸리는지는 모른다.

 이를 통해, 습관이 형성되지 않은 상태에서 또 다른 습관을 위해 에너지를 썼으니, 나의 에너지 소비가 많았다는 걸 알았다. 거기에 쉬지 않고 새로운 좋은 습관은 무엇이 있는지 찾으려고만 했다. 추가로 좋은 습관은 성장 속도를 무조건 높인다는 생각이 있었다. 그래서 더 빠른 성장을 위해 더 많이 찾으려고 욕심이 조급함으로 드러난 건 같다. 그럼에도 좋은 습관을 놓고 싶지는 않았기에 보다 쉽게 형성할 수 있는 방법을 찾았다.

'습관을 형성할 때 에너지 소비를 줄이는 방법이 있을까?'

있었다. 『아주 작은 반복의 힘』에 나오는 방법인 "세트 메뉴"다.

쉽게 이야기해서 현재하고 있는 습관이나 일을 할 때 추가로 하나만 더 붙이는 것이다. 잠들기 전 화장실을 간다면, 그때 문 앞에서 한번 앉았다 일어나기 하는 것이다. 새로운 일에 새로운 일을 더하는 것이 아니다. 나는 현재 만들고 싶은 좋은 습관을 "세트 메뉴"로 적용했다.

세트 1. 화장실 갈 때 거울을 보며 "사랑한다. 너는 가치 있는 사람이야."라고 말하기.

집 화장실을 가면 항상 거울이 먼저 보인다. 그때 거울에 있는 내 얼굴을 보며, "사랑한다."라고 말해준다. 약 2년간 지속적으로 하고 있음에도 아직도 민망함에 웃음이 나온다. 덕분에 나는 아침마다 나의 미소를 보고 웃으며 하루를 시작한다. 자존감을 높이기 위한 습관을 인위적으로 만드는 것이 아니라, 반복되는 일상 안에 작은 습관을 넣어 자연스레 스며들게 한다.

세트 2. 라이브 커머스 끝나고 팩하기.

1시간의 라이브 방송이 끝나면 목도 아프고 휴식을 위해 언제나 20분 정도 누워있었다. 그 누워서 쉬는 시간에 팩을 얼굴에 붙인다. 그럼으로써 별도의 시간을 들이지 않고도 피부관리를 하고 있다.

세트 3. 잠들기 전 벽에 엉덩이와 다리를 붙이고 다리 벌리며 스트레칭 하기.

평소 잠들기 전 핸드폰으로 영상을 보는 시간이 있다. 그 때 벽에 엉덩이와 다리를 붙이고 "ㄴ"자로 누워서 다리를 벌린다. 영상 보는 시간에 스트레칭을 함으로써, 운동을 미루지 않게 됐다. 이런 식으로 평소에 하는 행동에 하나를 넣는 것으로 바꾸자 해야 한다는 억지가 조금씩 사라졌다. 그리고 과도하게 단번에 많은 습관을 형성하려는 욕심은 내려놓았다. 그래서 지금은 위의 11가지가 나의 습관으로 만들어지기 전까지 새로운 습관을 찾기 위한 노력을 안 하고 있다.

반백수에 게임중독자였던 나와 현재의 나를 비교한다면, 확실히 다른 삶을 살고 있다. 독서, 명상 등 좋은 습관을 통해 경제적, 심리적으로 성장했고, 스스로 자랑스러웠다. 더 나아가 목표를 달성하며 더 크게 성장하고 싶었다. 그러기 위해서는 좋은 습관을 체화해야 했다. 하지만 과유불급, 지나침은 미치지 못함과 같았다. 충분한 시간과 노력을 들이지 않은 채, 새로운 습관 만들기에 급급한 마음이 나를 몰아붙이고 지치게 했다. 이를 해결하기 위해 습관에 관한 책을 읽었고 "세트 메뉴"를 알게 되었다. 지금은 단숨에 성장하겠다는 조급함을 버리고, 편안하게 습관을 받아들이고 있다.

"하루 1%의 성장은 1년 뒤 365% 성장이 된다."를 다시 한 번 상기하는 계기가 되었다.

10
[경청]

말을 줄이니
다시 들려온 깨달음

"듣는 사람은 말하는 사람보다 더 멀리 본다."

- 드라마 <미생> 중에서

'왜 이제 모임에서 얻는 깨달음이 없지?'

오프라인 강의에서 시작된 독서 모임이 나에게는 새로운 인간관계의 시작이었다. 그 모임 덕분에 감사하는 마음과 "Just do it." 정신을 깨닫게 되었고, 나태함에서 벗어나 고시원 운영 위기도 빠르게 극복할 수 있었다. 그 이후로는 고시원에 급한 일이 있어도 모임 날 만큼은 적극적으로 참석했다. 모임에 참석할 때마다 얻는 새로운 깨달음이 나를 즐겁게 했기 때문이다.

곧 그 독서 모임뿐만 아니라 다양한 사람들이 주는 여러 관점의 이야기를 더 듣고 싶은 마음이 생겼다. 집 근처에서 자기 계발 모임을 찾아 새로 가입했다. 처음에는 신선한 느낌의 깨달음과 같은 내용이라도 다른 해석으로 풀어내는 이야기들을 듣는 것만으로도 만족스러웠다.

어느새 참석하는 모임은 4개로 늘어났다. 나는 모임이 끝나고 집으로 돌아가는 버스 안에서 그날 가장 마음에 와닿은 한 가지를 되짚어보는 시간을 늘 가졌다. 하지만 시간이 흘러갈수록 어떤 모임에서도 더 이상 되돌아볼 만한 깨달음을 얻지 못했다. 대신 모임이 끝나면 목만 아팠다. 점점 목은 더 아파지고, 모임에서 얻는 것이 없어지자 참석하는 것이 흥미롭지 않았다. 결국 참석하는 모임 수를 줄여서 기존 독서 모임만 다니게 되었다.

이유는 생각보다 쉽게 찾을 수 있었다. 어느 날 지인들과의 만남에서 문득 내가 말을 너무 많이 한다는 느낌을 받았고, 그날도 역시 목이 아팠다. 이 상황을 최근 모임들에 대입해 보니 정확히 일치했다. 내가 말을 너무 많이 해서 다른 사람들이 말할 기회가 없었다. 마치 노래방에서 마이크를 계속 놓지 않고 자신의 노래만 부르는 사람처럼, 나는 내 이야기만 계속했었다는 걸 깨달았다. 게다가 상대방이 말하는 도중에 끼어들어 내가 하고 싶은 말을 한 경우도 빈번했다. 미안한 마음이 밀려왔다. 나 때문에 다른 참석자들이 다양한 깨달음을 나누지 못했다는 생각이 들었다.

'왜 이렇게 말이 많을까?' 곰곰 생각했다. 평소에도 말이 많은 편이고, 최근 2년간 변화하고 성장한 모습을 사람들에게 알리고 싶은 마음이 컸기 때문이었다. 그래서 처음 가는 모임에서는 항상 "제가 예전에는 편의점 새벽 아르바이트를 했는데, 어떤 계기로…." 하는 식으로 내 이야기부터 꺼냈던 기억이 났다. 여전히 인정받고 싶은 마음이 강했던 것 같다. 그리고 참가자들과 친해질수록 내 말도 더 많아졌었다. 나로 인해 자기 계발 모임은 친목 모임으로 변질되고 있었다.

그래서 다음 모임에서 '말하지 않기와 말 참기'를 실천하기로 했다. 며칠 뒤 모임 장소 입구에서 '말하지 말자, 참자.'를 되뇐 뒤 들어갔다. 몇 분 뒤 "무슨 고민 있어요?"라는 말을 듣게 됐다. 내가 평소와 다르게 거의 말하지 않았기 때문이었다. 게다가 머릿속에서 떠오르는 온갖 생각으로 상대방의 말에 집중할 수 없었다. 말하지 않으면 상대방의 말을 들을 수 있다고 생각했는데 그렇지 않았다. 분명 처음에는 이야기에 귀를 기울였지만, 어느 순간 내 생각에만 빠져 있었다. 이 모습이 다른 참가자들에게는 말도 없고 생각에 잠겨 고민이 많은 사람으로 보였을 것이다.

그래도 그날은 내가 다른 사람들의 말을 끊지 않았고, 덕분에 참가자들이 서로의 깨달음을 나눌 수 있었다. 마지막에 "오늘 대화 재밌었어요." 하며 서로 인사를 나누는 모습을 봤다. 집 가는 길에 참석자들이 즐겁게 대화를 주고받는 모습이 생각났다. 곰곰이 생각하며 나도 대화를 잘하고 싶어졌다. 곧바로 핸드폰을 켠 뒤 대화에 관한 책들을 구매했다. 말하는 기술, 대화를 이끌어가는 기술 등 기술적인 내용이 주를 이룰 것이라 기대했다. 그런데 모든 책의 첫 부분은 "경청", "듣기"였다. 어느 책은 몇 번이고 강조했다.

그중에서도 셀레스트 헤들리의 『말 센스』에서 "대화는 말을 잘하는 능력보다 듣는 기술에서 더 많은 것이 결정된다. 대부분의 사람은 자기 말을 준비하느라 상대의 말을 제대로 듣지 않는다." 부분이 와닿았다. 예를 들자면, 상대방의 "나 전셋집 구해야 해."라는 말을 듣고 '나도 계약이 곧 끝나는데, 보증금 올려달라고 하면? 이사해? 이사하면 어디로?' 이런 식으로 상대방의 말보다 본인의 상황에 맞추어 생각하느라 대화에 집중하지 못한다는 내용이다.

그리고 자신의 상황을 말하기 위해 상대방의 말을 듣는 것보다 말할 타이밍만 주시하게 된다는 내용도 있다. 이 두 가지 내용은 내가 모임에서 다른 사람의 말을 듣지 못하고, 말을 끊은 이유를 정확히 설명해 주었다. 경청에 중요성과 내가 집중하지 못한 이유를 알았기에 "경청"을 목표로 잡았다.

서적에 나온 경청의 방법에는
1. 온전히 집중
2. 공감 표현
3. 판단과 평가 보류
4. 비언어적(손짓, 표정 등) 신호 확인

등이 있었다. 하지만 방법들이 추상적인 느낌이었고 다 할 자신이 없었다. 그래서 나에게 가장 필요하다고 생각한 '나의 말과 생각 줄이기.'로 목표를 잡았다. 두 가지 변화를 위한 방법은 "생각 없애기와 말 참기."다.

 "생각 없애기"를 실천할 방법은 내가 평소에 하는 명상에서 찾았다. 명상 시 잡생각을 사라지게 하는 "이름 붙이기"가 있다. 잡생각이 들면 그 생각에 "철수"라는 이름을 붙인 뒤 "나가!"라고 하는 것이다. 또한, 내가 하고자 하는 상황을 말함으로써 생각을 정리하고 원하는 방향으로 가는 방법이다. 평소 명상할 때 '철수야 나가! 지금은 마음을 다스리는 중이야.'를 많이 한다. 이를 '철수야 나가. 지금은 상대방의 말을 듣는 시간이야.'로 바꿔서 대화할 때 활용하기로 했다. 가장 먼저 아내와의 대화에서 시도해 보았다.

 충격적이었다. 내가 일상 대화에서도 끊임없이 내 생각만 하고 있었다는 걸 그제야 깨달았다. 짧은 대화 시간에도 "철수"를 수십 번 의식적으로 불렀다. 그래도 반복할수록 아내의 이야기가 점점 더 선명하게 들려왔다. 며칠 뒤 모임 날이 되었다. 모임이 시작하기 전 "잡념 없애기와 말 참기"를 하며 대화해야겠다고 다짐했다. 결과는 나름 만족스러웠다. 모든 이야기를 완벽하게 듣지는 못했지만, 집에 가는 길에 되돌아볼 만한 깨달음이 생겼다. 그리고 목도 아프지 않았다.

지금까지도 대화할 때면 여전히 떠오르는 많은 생각들로 인해 수십 번 "철수"를 내보내고 있다. 하지만 덕분에 딴생각이 줄어들었고, 잡념이 사라지면서 자연히 하고 싶은 말도 줄었다. 말이 줄어드니 상대의 말을 끊는 횟수도 줄었다. 그러자 내가 생각지도 못한 다양한 관점과 깨달음들이 다시 들려오기 시작했다. 생각해 보면 피아노 이야기, 홈쇼핑의 특징, 고독사 위기 등 모든 깨달음과 도움을 얻은 순간들이 "듣기"를 통해서였다. 독서 또한 목소리는 아니지만 저자의 삶에 귀 기울이는 것이었다. 결국 성장은 말하는 것이 아니라 듣는 것에서 시작되는 것이었다.

11
[집중]

성장의 열쇠는
한 가지에 있었다

"한 번에 한 가지에 집중하라. 그것이 성공의 비밀이다."

- 앤드루 카네기

"어떻게 그렇게 변할 수 있었어?"

2024년 4월. 경매 낙찰을 받은 시기에 지인이 나에게 한 질문이다. 나의 반백수 시절부터 아내가 화장실에서 스스로 머리 자른 일까지 모든 걸 알고 있는 지인이었다. 아무리 봐도 내가 변하지 못할 거라는 생각에 나와 거리를 두려고 했었다고 했다. 그 이후로 달라진 내 모습을 지켜보던 그가 의아하면서도 신기해하며 어떻게 변했는지 물어봤다. 하지만 나는 명확하게 답할 수가 없었다. 과거와 비교해서 마음가짐이나 경제적, 심리적 측면 등 한두 가지만 변한 것이 아니었기 때문이다. 또한 내가 추상적이고 서로 다른 관점을 제시하는 자기계발서들을 읽으며 느꼈던 혼란을 그에게도 주고 싶지 않았다. 그래서 어디서부터 어떻게 설명해야 할지 막막했다.

집에 돌아온 뒤 나는 편의점에서 울었던 2022년 10월 말부터 삶을 돌아보았다. 짧다면 짧은 2년 동안 많은 일이 있었다. 고시원 사업, 경매 낙찰, 새로운 모임의 시작 등. 나는 사건들과 깨달음을 일기처럼 정리하기 시작했다. 이 일기가 차곡차곡 쌓여 지금의 책으로 묶어질지 몰랐다. 그 이후로 새로운 깨달음이나 사건이 있으면 일기를 썼다. 하루하루 남긴 기록들이 수개월간 쌓였다. 가끔 나를 돌아보고 싶을 때 꺼내어 읽었다. 읽다 보니 눈에 띄는 것이 있었다. 내가 "좌절과 혼란"을 겪은 이유가 비슷했다는 것이다. 또한 무언가를 깨달았을 때 그것을 실천으로 옮기는 방법도 비슷한 패턴을 보였다.

첫 번째 좌절을 안겨준 독서와 자기계발서를 따라 하면서 느낀 혼란 속에는 한 번에 모든 걸 다하려는 욕심이 숨어 있었다. 34년 인생에서 해보지 않았던 독서를 갑자기 무리하게 시작했고 자기계발서에 나오는 방법들을 무작정 동시에 시도했다. 그리고 성장하는 속도를 높이고자 했던 많은 "좋은 습관들" 역시 마찬가지로 "한꺼번에 모든 걸 다 하려는" 욕심에서 비롯된 것이었다. 그 결과 과부하가 오고, 이는 지침과 포기로 이어졌다.

독서의 시작은 "서점 방문" 한 가지로부터였고, 자기계발서는 "욕심을 내려놓고 한 가지씩", 좋은 습관은 "차근차근 하나씩"으로 만들어갔다. 30개의 공실을 입실자들로 채워간 것도 좋은 질문이라는 하나에서 시작됐다. 또한 '나 자신'을 찾게 된 것도 '기질 하나'를 파악하는 것부터였다. 돌이켜 보면, 내가 진정한 성장을 이루기 시작한 시점은 급격한 성장과 단기간 성장이라는 욕심을 버리고 '한 가지'에 집중하기 시작한 때였다. 이제는 어떻게 바뀌었냐는 지인의 질문에 명확하게 답할 수 있다.

"바뀌고 싶은 거 중 가장 변하고 싶은 '한 가지'부터 시작했어." 거창한 계획도, 완벽한 준비도 필요 없었다. 단지 한 가지에 온전히 집중하는 것만으로도 충분했다. 그 한 가지가 쌓이고 쌓여 지금의 나를 만들었다. 변화는 거대한 도약이 아니라 작은 한 걸음에서 시작된다는 것, 이것이 내가 배운 성장의 진리다.

12
[침묵]

말의 무게를
깨닫게 한 시간

"말은 화살과 같아, 한번 떠나가면 다시는 돌아오지 않는다."

- 한국 속담

    2025년 3월 나는 출판과 함께 강사 활동을 위해 강의를 듣고 있었다. 약 2달간 이어진 교육을 통해 학교에 출강하게 되었다. 학교 강의는 초등학생, 중학생을 대상으로 진행되며, 이론보다는 활동이 중심이다. 강의 진행에 필요한 활동을 배우는 과정에서 나는 하나의 사건을 맞이하게 됐다. 강의실에는 나 포함 두 명의 수강생과 한 명의 강사가 있었다. 보드게임을 이용한 수업을 배우는 자리였다. 그런데 보드게임을 배우는 과정에서 다른 수강생의 게임 점수에 오차가 있었다.

나는 즉시 이를 바로잡기 위해 문제를 제기했다. 확실히 하고 싶다는 마음에 다소 강하게 어필했던 것 같다. 그러자 다른 수강생이 조심스럽게 말했다. "지금은 게임의 결과보다 진행 과정을 배우는 게 중요하다고 생각해요. 그냥 넘어가면 안 될까요?" 하지만 나는 게임의 결과를 확실히 해야 하지 않느냐며 반문했고, 그 순간 강의실의 분위기가 급격히 경직되었다. 강사의 중재로 상황은 일단락되었지만, 강의실의 분위기는 가라앉은 채 좀처럼 회복되지 않았다. 이후 남은 1시간 동안 어색함은 계속되었고, 강의가 끝나고 각자 집으로 가기 위해 강의실을 나설 때까지도 마찬가지였다.

그 1시간 동안 나는 수많은 생각에 잠겼다. 처음에는 '정확히 해야 하는 거 아니야? 나중에 이런 상황이 생기면 어떻게 하려고 그냥 넘어가?'라며 부정적으로 생각했다. 그러나 시간이 지나면서 감정이 진정되자 '저 사람의 말도 맞지, 우리는 진행을 배워야 하는 거였지.'라는 쪽으로 생각이 전환되었다. 그제야 깨달았다. 나와 생각이 다를 수 있는데도 내 관점에서만 생각하고, 불필요한 욕심을 부린 건 바로 나였다. 누가 맞고 틀렸느냐의 문제가 아닌 일에 굳이 고집을 부릴 필요가 없었다. 집 가는 길 나는 수강생에게 "제가 욕심내서 미안했어요."라고 진심으로 사과했다.

그날 이후 오랜 시간 생각에 잠겼다. 그 생각 속에는 나의 과거 모습들이 하나둘 떠올랐다. 누군가와 논쟁이 벌어질 때면 그 시작은 대부분 내가 먼저 내뱉은 말에서 비롯되었다는 사실을 깨달았다. 돌이켜보니, 굳이 할 필요가 없었던 말들이 대부분이었다.

"뭐 하러 그렇게 열심히 살아. 건강이 우선이야."와 같은 말들이 그랬다. 상대방을 위하는 척하면서도 실상은 내 생각만 옳다는 듯이 강요했었다. 그들의 상황과 희망을 전혀 고려하지 않은 채 일방적으로 건강이나 챙기라며 참견했다. 지금 생각해 보면 듣는 상대방이 기분 좋을 리 없었을 것이다. 이러한 불필요한 말들로 인해 나는 많은 지인들을 떠나보내야 했다. 그때만 해도 '그들이 이상한 사람'이라고 생각했지만, 진짜 원인은 나의 말에 있었다는 사실을 이제야 알게 되었다. 그래서 지금은 대화를 나누고 의견을 주고받을 때마다 '이 말을 해도 되는 건가?'를 먼저 고민하려고 노력하고 있다.

말에 관한 또 다른 깨달음은 고시원을 운영할 때 얻었다. 조언에 관한 이야기였다. 고독사 직전의 입실자 때문에 나는 절실하게 조언과 공감이 필요했다. 지인들에게 먼저 고민을 털어놓았는데, 그들은 나를 위해 걱정하며 다양한 조언을 해주었다. 하지만 실제로 적용할 수 있는 것은 거의 없었다. 공감한다면서 다른 예시를 들려주는 사람들도 있었지만, 전혀 와닿지 않았다. 오히려 친분은 덜하지만 같은 일을 하는 사람들의 공감과 조언이 훨씬 구체적이고 확실했다. 그때 비로소 진정한 조언이 무엇인지 깨달을 수 있었다.

돌아보니, 나 역시 그동안 많은 조언을 해왔었다. 문제는 나는 삶을 비교적 쉽고 편하게 살아온 사람이었다는 점이다. 게다가 전문가도 아니었다. 그런데도 너무 쉽게 생각하고 함부로 말했다. 경험해 본 적도 없으면서 내 말이 무조건 맞는 것처럼 행동하고 고집을 부렸다. 상대방의 상황을 전혀 고려하지 않은 채 "인테리어 바꾸고 안되면, 메뉴를 바꾸면 되지."와 같은 안일한 조언을 쏟아냈다. 잘못된 조언이란 걸 안 지금은 "내가 전문가가 아니라서 응원만 해줄 수 있을 것 같아."라고 솔직하게 말하고 있다.

나는 지금까지 "말의 힘"에 대해 진지하게 생각해 본 적이 없었다. 단순히 그냥 하는 말 정도로 치부했을 뿐이다. 말은 생각보다 강력한 힘을 가지고 있다. 한 번 내뱉은 말은 되돌릴 수 없고, 상대방의 마음에 깊은 상처를 남기기도 한다. 선의로 시작된 조언이라 할지라도 상대방의 상황을 제대로 이해하지 못한 채 던져진 말은 오히려 독이 될 수 있다. 나는 그동안 말의 이런 파괴적인 힘을 간과했다. 내가 쉽게 던진 한마디가 누군가에게는 오랫동안 마음의 짐이 될 수 있다는 것을, 그리고 그 말 때문에 소중한 관계가 틀어질 수 있다는 것을 뒤늦게 깨달았다.

이제 나는 상대방을 위한다는 명목의 말을 하지 않으려 한다. 상대방이 싫어서가 아니라, 섣부른 조언은 안 하느니만 못하다는 걸 알게 되었기 때문이다. 진정한 도움이 되려면 상대방의 처지를 충분히 이해하고, 그들이 원하는 것이 무엇인지 먼저 파악해야 한다. 이러한 과정 없이 던져지는 조언은 결국 내 만족을 위한 것일 뿐이다. 대신 나는 "경청"의 힘을 믿게 되었다. 상대방의 이야기를 진심으로 들어주고, 그들의 감정을 이해하려고 노력하는 것만으로도 충분히 좋은 대화 상대가 될 수 있다는 걸 알게 되었다. 때로는 화려한 조언보다 조용한 공감이, 많은 말보다 따뜻한 침묵이 더 큰 위로가 될 수 있다. 이것이 내가 배운 말의 진정한 힘이다.

한 계단씩 오르다 보니,

어느새 어제보다 높은 곳에 서 있었다.

작은 변화들이 모여 만든
4가지 행복

1
[가족]

내가 변하자,
가족이 웃었다

"가정의 행복은 다른 어떤 성공보다도 위대하다."

- 『행복의 기술』, 알랭 드 보통

새벽까지 게임에 빠져 살던 시절, 내게 가족은 늘 불편한 존재였다. 정오가 넘어서야 겨우 침대에서 일어나 "밥 줘."라고 내뱉듯 말하는 것이 일상이었고, 아들이 두 돌이 될 때까지 한 번도 목욕을 시켜준 적이 없었다. 아이가 다가오면 "게임해야 하니까 데리고 나가."라고 소리쳤다. 가끔 아내가 힘에 부쳐 아이를 부탁할 때는 "내가 모유가 나오는 것도 아니고, 뭘 해. 당신이 다 해야지."라는 말을 아무렇지 않게 뱉곤 했다. 도움이 되기는커녕 불만과 화만 쏟아내던 나였다.

가끔 아내가 일 때문에 집을 비우게 되면 아들과 단둘이 있었다. 문제는 아이에게 아빠는 화와 짜증만 내는 두려움의 대상이었기에 그 시간을 몹시 힘들어했다. 결국 아내는 하고 싶은 일, 친구와의 시간 등을 포기할 수밖에 없었다. 그럼에도 나는 핸드폰 전원을 꺼두고 피시방으로 가는 게 일상이었다.

이후 자기 계발을 하면서, 가족 속 내 모습을 돌아보았다. 그 안에는 책임을 회피하고 현실을 외면하는 남자, 허세만 있는 남자, 무능한 아버지이자 남편의 모습이 있었다. 거기에 화와 짜증으로 가득한 사람, 그래서 가족이 피할 수밖에 없는 사람이 바로 나였다. 그 순간 내가 붙잡고 있던 게임, 잠깐의 쾌락, 공허한 자존심은 아무 의미가 없어졌다. 오로지 진정한 남편이자 아빠가 되고 싶어졌다. 생각을 마치고 거실에 있는 아내에게 처음으로 진심 어린 말을 건넸다.

"그동안 미안했어. 그리고 나를 믿어줘서 고마워."

짧은 말이었지만, 그 안에는 수많은 후회와 다짐이 담겨 있었다. 아내는 말없이 나를 바라보다 고개를 떨궜다. 잠시 후, 입술을 꼭 깨문 채 온몸을 바르르 떨면서 소리 없이 눈물만 흘렸다. 그 침묵의 눈물에는 지난 시간의 아픔과 외로움이 고스란히 담겨 있었다. 그제야 내가 얼마나 깊은 상처를 주었는지, 또 아내가 나를 얼마나 오랫동안 기다려주었는지 알았다. 그리고 다시는 가족에게 상처를 주며 살지 않겠다고 다시 한번 다짐했다.

진정이 된 아내에게 "지금까지 당신을 가장 힘들게 한 나의 습관이 뭐야?"라며 물었다. 그러자 아내는 "예전에는 말하기 전부터 한숨을 쉬었어. 그 소리를 들을 때마다 내가 짐이 되는 느낌이어서 힘들었어." 그 말을 들은 나는 아무 말도 하지 못했다.

아내는 잠시 숨을 고른 뒤 이어서 말했다.

"심지어 나는 세상에서 필요 없는 존재라고 생각했어."

그 말을 듣는 순간, 가슴이 철렁 내려앉았다. 내가 무심코 내쉰 한숨 하나, 하나가 아내의 자존감을 낮추고 '나는 쓸모없는 사람'이라는 잔인한 메시지로 다가가고 있었다.

돌아보니 나는 설거지 할 때 늘 그릇을 쥐고 "어휴, 설거짓거리가 많네."라며 투덜거렸다. 밥상 앞에서도 "어휴, 밥 언제 차릴 거야."라고 내뱉었고, 아이가 울면 "게임하는데 조용히 좀 시켜. 어휴."라는 말로 아내를 몰아세웠다. 심지어 거실에 가만히 앉아 있다가도 이유 없이 푹푹 한숨을 내쉬곤 했다. 그때마다 아내는 내가 또 무슨 말을 쏟아낼까 봐 눈치를 봤다고 했다. 그 모든 장면이 내 머릿속을 스쳐 지나갔다.

이 상황을 바꾸기 위해서는 마음만이 아닌 실천이 필요했다. 변화는 가장 작은 것에서부터 시작되었다. 아침에 눈 뜨자마자 "좋은 아침, 행복한 하루"를 외쳤다. 처음엔 어색했지만, 긍정적인 말을 내뱉는 순간 내 마음도 조금씩 달라졌다. 약 1달이 지난, 어느 날 아들이 "아빠, 좋은 아침이야."라며 내 품에 안겼다. 그리고 아내를 힘들게 한 한숨을 감사함으로 바꿨다. 방법은 한숨이 나올 때마다 억지로라도 '감사하다.'를 말하는 것이다.

설거지할 그릇을 보며 "감사히 잘 먹은 그릇을 닦아보자." 육성을 내뱉었고, 길이 막히면 "대화할 시간이 더 생겨서 감사하다."를 말했다. 심지어 가만히 있다가 한숨이 나올 것 같으면 일단 "감사합니다."를 중얼거렸다. 시간이 지날수록 감사함은 습관이 되어갔다. 그러자 집안 공기가 달라졌다. 내

표정이 굳은 얼굴에서 미소로 바뀌었고, 가족에게 전하는 말이 달라졌다. 아내에게는 "고마워, 나랑 결혼해 줘서."라고 자주 말했고, 아들에게는 "사랑해, 태어나 줘서 고마워."라고 속삭였다. 그러던 어느 날 아내가 나의 손을 잡고 말했다.

"이제 나는 사랑받고, 필요한 존재가 됐어. 고마워, 오빠."

그 말을 들었을 때, 나는 작은 감사가 쌓여 내 삶을 완전히 바꾸고 있다는 것을 깨달았다.

또한, 아들과 노는 것도 완전히 새로운 경험이었다. 그동안 아이가 무엇을 좋아하는지, 어떤 것에 관심 있는지 전혀 몰랐다. 그래서 처음에는 그저 옆에 앉아 있기만 했다. 그런데 아들이 퍼즐, 공, 킥보드를 하나씩 가져오며 함께 놀자고 했다. 그동안 무심했던 아빠에게 먼저 다가와 주는 아들의 마음이 너무나 고마웠다. 아들과 함께 있는 시간에는 핸드폰도 내려놓았다. 온전히 아이에게만 집중하고 싶었다. 아들의 웃음소리가 나를 행복하게 만들 수 있다는 것을 그제야 알았다. 아이의 순수한 기쁨이 내 마음을 치유하고 있었다.

이제 아들은 엄마가 나가면 "엄마 잘가~, 아빠 놀자!" 하며 나와의 시간을 기대한다. 우리는 단둘이 여행도 다니며 소중한 추억을 쌓아가고 있다. 나는 더 이상 피시방으로 도망치던 사람이 아니다. 매일 아침, "좋은 아침"이라는 인사와 따뜻한 포옹으로 하루를 시작한다. 가족과 함께 웃고 살아가는 지금, 이것이야말로 내가 찾은 진짜 성공이다.

지금도 "아빠랑 노는 게 제일 재밌어!" 아들의 목소리가 귓가에 울린다.

2
[내면]

묵묵한 실천이
자신감을 키웠다

"성장은 선언이 아니라 실천에서 시작된다."

- 『성공하는 사람들의 7가지 습관』, 스티븐 코비

"너 뭔가 멋있어졌다?"

최근 들어 오랜만에 만난 지인들에게 심심치 않게 듣는 말이다.

과거 게임과 반백수 생활을 하고 34살에 편의점 새벽 아르바이트했던 나는 친구들을 만나는 것이 싫었다. 만날 때면 잘난 사람으로 인정받고 싶었지만, 내세울 게 없었다. 꿈도 목표도 없이 게임을 위해서만 편의점에서 일하는 처지에 자존감과 자존심은 바닥까지 떨어져 있었다. 그래서 억지로라도 우위에 서기 위해 목소리를 높이고 상대를 윽박지르며 살았다. 또한, 지인들에게는 "주식으로 1억 정도? 벌었어.", "사업 준비 중이야." 등 거짓말을 서슴없이 했다. 어떻게든 잘나고 인정받고 싶었다. 거짓말은 또 다른 거짓말을 낳고, 어느새 나는 거짓말을 해도 양심의 가책을 느끼지 않는 수준까지 갔다.

그러던 중 자력으로 집을 샀다는 친구의 이야기를 들었다. 부모의 경제적 지원에 기대 살아온 나는 각성했고, 경제적 독립을 이루겠다는 각오로 자기 계발에 집중하게 되었다. 수많은 과정 속 좌절과 포기도 있었지만 나는 12가지의 깨달음을 얻었고, 그 결과 삶은 하나씩 변하기 시작했다. 하루 9시간 일하는 편의점 새벽 아르바이트생에서 고시원 원장이 됐다. 일하는 시간은 절반으로 줄고, 수입은 두 배 이상 늘었다. 생긴 시간적 여유로 경매를 공부했고 목표했던 낙찰까지 이어졌다. 작은 오픈 상가로 큰 수익은 아니었지만, 나는 배움과 행동의 중요성을 경험했다.

첫 사업과 상가 낙찰을 해나가며 나도 할 수 있는 사람이라는 자신감이 생겼다. 그 자신감은 더 이상 허세나 거짓말에서 오지 않았다. 자연스럽게 거짓말을 할 이유도 사라졌다. 들킬까 봐 불안할 필요도, 눈치 볼 필요도 없었다. 내적 변화가 차곡차곡 쌓이면서, 나는 스스로에게 당당한 사람이 되어갔다.

나는 이제 더 이상 눈치를 보지 않고 원하는 도전에 나섰다.
2024년 4월에는 책 집필을 시작했고, 6월에는 공간대여 사업 공부에도 뛰어들었다. 같은 해 12월, 오랜만에 만난 동창이 "주한아, 고시원 잘 돼?"라고 물었다. 나는 "고시원은 이미 양도했고 새로운 사업을 준비 중이야."라고 말한 뒤 "혹시 출판사 아는 사람 있어? 지금 내가 원고를 5만 자 정도 썼는데 문의하고 싶어서."라고 말했다.

이에 친구들이 놀란 눈빛으로 나를 바라봤다. 예상치 못한 상황에 "무슨 사업? 책은 또 뭐야?" 등 질문이 쏟아졌고, 한 지인은 출판사 직원이었던 분까지 연결해 주었다. 그 과정에서 나는 내 원고가 부족하다는 걸 깨닫게 되었다. 그래서 글쓰기 교육을 받으며, 한 줄 한 줄 글을 다듬어 나갔다. 동시에 2025년 3월부터 6월까지 강사 양성 과정을 마쳤고, 출강의 기회를 얻게 되었다.

6개월 뒤인 2025년 6월, 또다시 만난 지인이 장난 섞인 말투로 "너 또 뭐 새로운 거 해?"라고 물었다. 나는 담담하게 대답했다. "응, 강사 교육 받았고 다음 주부터 초등학교로 출강해." 순간 모두의 시선이 내게 쏠렸다. "단기간에 강사, 책, 사업까지 다 가능해?"라며 놀라워했다. 처음에는 이유를 알지 못했다. 내가 들인 시간은 수개월이었고, 대부분의 약속까지 취소하며 노력했기에 당연한 결과라 생각했다. 하지만 생각해 보니 다른 사람들에게는 순식간에 세 가지를 동시에 해낸 것으로 보였을 것이다. 게다가 과거 말로만 떠들던 내가, 지금은 실천하는 사람이 되었으니 놀랄 만도 했다.

나는 타인의 평가에 민감하고 실패에 대한 두려움이 큰 성향의 사람이다. 그래서 나에게 맞는 방식은 목표를 공표하는 것이 아니라 묵묵히 혼자 실천하는 것이다. 물론 목표를 드러냄으로써 동기부여를 얻는 사람도 있다. 중요한 건 어느 쪽이 맞다 틀리다가 아니라, 각자의 성향에 맞는 방법을 찾는 것이다. 돌아보면 나는 말뿐인 사람이었다. 그러나 지금은 다르다. 하고자 하는 일은 일단 시작하고, 작은 실천들을 쌓아 올리고 있다. 변화는 선언이 아니라 행동에서 일어난다는 걸 알게 되었다. 여전히 도전 앞에서는 두렵고 새로운 일을 마주할 때면 부정적인 생각이 먼저 들지만, 이제는 그 생각이 자리를 잡기 전에 손부터 든다. 그 선택과 행동이 쌓여 내면의 변화와 자신감을 만들었고, 앞으로 나아갈 힘이 되었다.

3
[언어]

긍정으로 바꾸니 삶이 달라졌다

"당신이 하는 말이 곧 당신이 된다."

- 『언어의 기적』, 조엘 오스틴

"말의 힘"

글을 쓰면서 나는 다시 한번 "말의 힘"을 상기했다. 그래서 현재 언어를 긍정으로 바꾸기 위해 훈련하고 있다. 그 탓에 말을 더듬거나 말문이 막히는 경우가 잦아졌다. 게다가 최근에는 책 집필, 출강 연습, 공간대여 관리, 육아 등 해야 할 일도 많아졌다. 그러다 보니 무의식적으로 "피곤하다.", "할 일이 많네."라는 말이 자주 튀어나왔다.

그때 문득 "말이 씨가 된다."라는 속담이 떠올랐다. 지금처럼 바쁘다고 하면 더 바빠지고, 정신없다고 하면 더 정신이 없어질 거라는 생각이 든 것이다. 이에 피곤하다는 말을 억지로라도 "재밌다."로 바꿔야겠다는 마음을 잡았다. 그러나 이미 형성된 습관을 바꾸는 건 쉽지 않았다. 그래서 일부러 무언가를 시작 전에 "재밌는 글을 써볼까?", "재밌는 연습을 해볼까?"라며 소리내기 시작했다. 그러자 거짓말처럼 힘듦이 조금씩 줄어들었다.

이 경험을 통해 말의 힘을 실감한 후, 나는 평소 나의 말하는 방식을 전반적으로 돌아보게 되었다. 말의 끝에는 언제나 IC를 달고 살았고, 말할 때는 "아니 근데 그건 어쩌고저쩌고"로 "아니 근데"로 시작했다. 이 두 말은 반문할 때 쓰는 말이기에 상대방의 기분이 좋을 리가 없었다. 질문도 "이 옷 별로지?", "그건 힘들지 않을까?"로 부정적이었다. 또한, 아들에게는 "하지 마, 안돼."가 대부분인 삶이었다. 이 상황을 해결하기 위해 지금 "말"에 관한 책만 보고 있다.

그중에서 하피즈의 "당신이 말하는 말이 당신이 사는 집이 된다."라는 글을 보자마자, 나와 가족을 위해 말을 바꾸기로 결심했다. 그러기 위해서는 질문할 때 긍정적인 본질을 파악한 후 해야 한다. 예를 들어 "그거 별로야."의 본질은 더 나은 것을 찾기 바라는 마음이 있다. 그래서 "이게 더 나아 보여."로 바꾸는 것이다. 일상생활에서 의식하며 말했다. 하지만 의식하기도 전에 이미 나오는 부정적인 의미들 때문에 말이 매끄럽지 못하다.

"아들아, 그거 위험…(머뭇) 하지…(머뭇) 아들아, 이렇게 해야 안전해."

"이 옷 별ㄹ…(머뭇) 나에게 어울려?"

"오늘 피곤…(머뭇) 힘들었…(머뭇) 오늘도 내가 자랑스럽다."

그리고 "아니 근데"를 하지 않으려고 하니 말 자체가 나오지 않았다. 그만큼 나의 언어가 부정적이었다. 그렇다는 건 나의 삶도 부정적이었다는 뜻이다. 행동과 말은 부정적인데 생각이 긍정적인 건 말이 안 되지 않는가. 돌아보면 누군가의 의견을 "그건 어렵지 않아?", "안 하는 것이 나을 것 같아." 등 항상 부정적으로 생각하고 받아쳤다. 이에 나는 변화의 필요성을 깨닫고 노력하고 있다. 아직도 나는 말을 자주 더듬고 있지만 계속할 것이다. 현재는 말을 변화시킬수록 상대방의 의도가 잘 보이고 의견 대립이 사라지고 있다는 걸 느끼고 있기 때문이다.

말의 변화로 나의 삶이 긍정적으로 변하고 있다. 더 나아가 나는 어느 순간부터 "할 수 있다. 그냥 해."를 끊임없이 하게 되었다. 길을 걷다가도 이유 없이 내뱉고 있다. 아내의 말로는 내가 잠꼬대로도 한다고 한다. 이 말들이 나의 삶을 바꾸고 있다. 미루는 일이 사라졌고, 일이 차근차근 마무리가 되어갔다. 또한, 행동의 머뭇거림도 사라졌다. 앞서 말한 "용기 있는 사람"이 된 것이다.

나는 최근에 재미난 경험을 했다. 아들에게 약 200조각의 퍼즐을 사줬다. 만 5세인 아들에게 쉬운 퍼즐은 아니었다. 그런데 수많은 퍼즐 조각을 빤히 보더니 "할 수 있다."를 말하며 맞추기 시작했다. 이후에도 중간중간 "할 수 있다."를 중얼거렸다. 아들뿐만 아니라 원데이 클래스 강사인 아내에게도 변화가 나타났다. 과거에는 새로운 자리나 일이 생기면 "해볼까? 괜찮을까?"라는 말을 많이 했었다. 하지만 이제는 "일단 신청하자."를 말하며 시도한다. 그 후 합격이 되면 방법을 생각하고 있다. 이 사건들로 나의 말이 나뿐만 아니라 옆에서 듣고 있는 가족까지 변화시킬 수 있다는 걸 몸소 경험하고 있다.

반대로 부정적인 말이 가져오는 영향력도 크다는 것을 확실하게 깨닫게 된 사례가 있다. 얼마 전 놀이터에서 목격한 일이다. 놀이터에서 욕하고 소리치는 아이를 본 적이 있다. 만 5~6살 정도로 보였다. 며칠 뒤 아이의 엄마가 놀이터에서 전화로 욕하고 소리치는 모습을 봤다. 아이와 엄마의 표정과 말투가 정말 똑같았다. 그대로 보고 배운 것이다. 나도 예전의 모습이 지속됐다면, 나의 아들도 그 모습을 그대로 따라 했을 것이다. 이처럼 삶에서 단어를 어떻게 쓰느냐, 무슨 단어를 쓰느냐, 어떻게 말하느냐에 따라 나의 삶과 가족의 삶이 달라진다.

나의 말은 나의 모습이고 나의 말이 가족을 만들 수 있다.
그리고 나의 부정적인 말을 항상 듣는 사람은 바로 "나 자신"이고, 나의 긍정적인 말을 항상 듣는 사람도 바로 "나 자신"이다.

4

[성장]

배우며 자라는
기쁨

"멈추지 않는 배움만이 당신을 더 나은 내일로 이끈다."

- 『죽을 때 후회하는 스물다섯 가지』, 와타나베 가즈코

"여보, 내가 어떤 모습으로 변했어?"

결혼 9년 동안 가장 가까이에서 내 삶을 지켜본 아내에게 지금의 나를 물었다. 그러면 앞으로 지켜야 할 점, 더 나아져야 할 점을 알 수 있을 것 같았다. 그러자 아내는 기다렸다는 듯이 10분 넘게 내 변화를 이야기했다.

"일단 가족한테 잘해. 예전에는 부탁하면 다음에 하겠다고 미루더니, 이제는 바로 해줘서 좋아. 또, 예전에는 일을 시

작해도 끝까지 안 했는데 지금은 마무리까지 확실히 하는 게 달라졌어. 그리고 요즘은 목표가 생겨서 즐거워 보이고, 하고 싶은 게 있으면 적극적으로 배우려는 모습에서 열정이 느껴져. 또, '감사합니다'를 자주 말하는 것도 좋고."

 아내의 말은 끊임없이 나왔다. 말이 이어질 때마다 가슴이 뜨거워지고, 기쁨과 동시에 얼굴이 화끈거렸다. '나는 그동안 얼마나 무심한 남편이었을까.' 아내의 기대와 실망이 반복되던 시간이 떠올라 미안함이 목구멍까지 차올랐다. 그리고 나를 포기하지 않고 기다려준 아내가 고마웠다. 수많은 말 중 "세상을 보는 방법과 대하는 태도가 달라졌어."라는 말이 귓가에 맴돌았다. 무슨 의미인지 파악하기 위해 정확한 의미를 물었다.

 "게임만 보던 사람이었는데, 지금은 세상을 궁금해하며 보고 배우는 사람이야. 그리고 교육받는 모습이 행복해 보여."

 뜻밖의 대답이었다. 과거 나는 학원이 싫어 부모님과 싸우고 무단결석을 밥 먹듯 했던 사람이다. 또한, 공부에 대한 부답감과 기대를 견디지 못해 고2 때 가출했고, 대학교도 "대학은 나와야지."라는 사회 분위기에 떠밀려 갔다. 졸업 후에는 더 이상 교육과 공부는 내 인생에 없다고 생각했다. 그리고 정말 10년 동안 아무것도 배우지 않았다.

잠시 생각에 잠긴 뒤 나는 피식 웃었다. 그날도 강의를 들으러 갈 준비하며 미소를 지으며 휘파람을 불고 있었기 때문이다. 그 순간 나는 과거와는 달리 시간을 알차게 쓰고 있다는 생각이 들며 스스로가 자랑스러웠다. 그리고 전철과 버스 안에서 책을 읽는 내 모습이 떠올라 뿌듯하기까지 했다. 그러고 보니 2023년부터 2025년까지 고시원, 경매, 글쓰기, 강사 강의, 동기부여 원데이 클래스, 인테리어 박람회, 창업 박람회 등을 직접 찾아다녔다. 여건이 안 되면 온라인으로라도 강의를 들었다. 2년간 신청해 들은 교육만 10개가 넘었고, 아내와 박람회, 강연 데이트를 즐겼다.

돌아오는 길에는 그곳에서 얻은 아이디어와 깨달음을 함께 나눴다. 혼자일 때는 집으로 돌아오는 전철 안에서 눈을 감고 명상하며 배운 내용을 내 삶에 어떻게 적용할지 떠올렸다. 그 과정에서 나는 새로운 변화를 꿈꾸며 행복을 느꼈다.

그러다 문득 이런 질문이 떠올랐다. '왜 지금은 교육을 즐거워할까?'

돌아보니 답은 성취감이었다. 시작은 고시원 강의였다. 수강생들의 열정과 강사의 조언이 나를 도전으로 이끌었다. 하지만 계약 조건을 제대로 확인하지 못해 시작부터 위기에 몰렸다. 그때 필사적으로 노력했고, 수강생들과 강사의 도움을 받아 고시원을 다시 세울 수 있었다. 그 과정에서 문제를 하나씩 해결할 때마다 느낀 뿌듯함은 이루 말할 수 없을 정도로 벅차고 짜릿했다. 경매와 공간대여 사업 또한 배움이 있었기에 가능했다. 배운 것을 실천하며 하나씩 이루어 갈 때 나의 성장도 함께 느껴졌다.

그 성취와 성장은 또 다른 목표를 만들었다. 2024년 4월부터 지난 과거로 돌아가지 않기 위해 내 성장을 기록했다. 그런데 쓰다 보니 나와 비슷하게 자기계발서를 읽으면서 혼란스럽고, 제자리걸음을 하는 것처럼 느끼는 사람들에게 나의 깨달음과 변화 과정을 공유하고 싶어졌다. 이 생각은 책 출간이라는 새로운 목표가 되었고, 나아가 더 많은 사람들과 직접 나누고 싶어 강사라는 목표까지 생겼다. 목표가 생긴 뒤부터는 시간이 더욱 소중해졌다. 과거에는 아들이 어린이집에 가는지도 모르고 누워 있던 내가, 지금은 직접 등원시킨 후 곧바로 노트북을 켠다. 더 이상 시간을 허투루 쓰고 싶지 않았다.

하지만 처음에는 마음이 앞서 욕심을 부렸다. 월요일부터 토요일까지, 오전 10시부터 저녁 8시까지 점심도 거르며 글을 썼다. 저녁 식사 후에는 밤 10시부터 새벽 2시까지 또다시 책상에 앉았다. 목표를 빨리 이루고 싶다는 욕구가 강했고, 그것을 열정이라 믿었다. 그러나 불과 2주 만에 몸은 한계에 다다랐다. 체중은 6kg이나 빠졌고, 입술은 갈라져 말라붙었으며, 눈두덩이는 파르르 떨렸다. 결국 그날은 하루 종일 잠만 잘 수밖에 없었다.

"하루 쉬었으니 이제 다시 시작하자."라며 마음을 다잡고 몸을 일으켰지만, 힘이 전혀 들어가지 않았다. 또 하루를 쉴 수밖에 없었다. 그다음 날도 노트북 앞에 앉았지만, 손은 멈춰 있었다. 머릿속은 '해야 하는데, 이러고 있으면 안 되는데…'라는 조급함으로 가득 찼다. 이런 상황이 이어질수록 가슴은 답답해지고 짜증이 치밀어 올라왔다. 며칠간 그 모습을 지켜본 아내는 나에게 가족여행을 권했다. 나 역시 휴식의 필요성을 느껴 동의했지만, 끝내 욕심을 버리지 못했다.

결국 아내 몰래 노트북을 챙겼고, 가족이 잠든 뒤 밖으로 나와 전원을 켰다. 그러나 막상 키보드를 마주하니 몸은 돌덩이처럼 굳어 있었다. 잠시 후 인기척에 잠에서 깬 아내가 "오빠, 1시간만 쓰고 들어와."라고 했다. 혼날 줄 알았는데 의외였다. 아내의 말대로 1시간만 쓰기로 마음을 잡자, 신기하게도 글이 써졌다. 내용이 뛰어난 건 아니었지만, 무엇이든 쓸 수 있다는 사실이 기뻤다. 다음 날에도 아내는 1시간만 쓰길 원했고, 나는 그 약속을 지켰다. 그 여행이 다시 글쓰기로 나를 이끌었고, 목표를 향해 나아가는 계기가 됐다.

목표를 이루려는 열정은 크고 대단한 것이라 여겼다. 하지만 진정한 열정은 한번 불타오르고 사라지는 장작이 아닌 마르지 않는 샘물과 같다는 걸 알았다. 그래서 지금은 하루에 조금이라도 이어가려 한다. 『그릿』에는 "성공은 마라톤이다. 잠깐 멈춘 사람은 다시 뛰기 두렵다."라는 글이 있고, 『미라클 모닝』에는 "아침 루틴을 하루만 빼먹어도 나태함이 침투

한다."라는 글이 있다. 이제야 그 의미를 실감한다. 하루하루 꾸준히 지속하는 것 자체가 얼마나 큰 힘이고, 한 번 멈추면 다시 시작하기 얼마나 어려운지를 내 몸으로 배웠다.

"그렇게 재밌어?"

아내는 내게 같은 질문을 두 번 했다. 한 번은 과거 게임에 빠져 있을 때였고, 또 한 번은 지금 글을 쓰고 강의 연습을 할 때다. 같은 질문이지만 표정과 어조는 확실히 달랐다. 그러면서 아내는 지금의 내가 훨씬 즐거워 보이고 보기 좋다고 했다. 나 역시 느낀다. 게임 할 때보다 글을 쓰고 강의 연습할 때 가슴이 두근거리고 설렌다. 물론 새로운 개념을 이해하려 씨름할 때는 머리가 지끈거린다. 하지만 마치 운동 후 근육이 아픈 것처럼, 이 아픔이 내가 성장하고 있다는 증거 같아서 오히려 반갑다. 그래서 계속하고 싶다.

아무리 피곤해도 글 한 줄이라도 쓰면, '오늘도 약속을 지켰네.'라는 만족감이 찾아온다. 작은 일이지만 스스로와의 약속을 지킨 것 같아서 뿌듯하다. 그리고 현재 나는 길을 걷다가 강의 현수막이 걸려있으면 가던 길을 멈춘다. 나의 관심사, 목표와 연결될 수 있는 내용이 있는지 꼼꼼히 살펴보기 위해서다. 만약 있다면 그 자리에서 신청한다. 그 후 무엇을 배울까? 어떻게 배울까? 실천을 어떻게 할까? 등 상상하고, 설렘을 가지며 강의 시간을 기다린다.

"배움을 멈추는 순간 삶도 멈춘다."
과거에는 이해하지 못했던 말이다. 하지만 이제는 배우는 과정에서의 새로움과 두려움이 나를 움직이게 하고, 즐겁게 살아가게 한다는 것을 안다. 그래서 나는 나의 삶을 위해 배움을 멈추지 않을 것이다.

"그렇게 재밌어?"
"응, 지금은 너무 즐거워."

내가 변하자 세상이 달라졌다.

당신의 인생을 바꿀
첫걸음을 위하여

1
[함정]

잘못된 자기계발 인식 바로 잡기

 한국은 현재 자기 계발의 홍수 속에 있다. 서점마다 '단기간 부의 축적', '몇 년 만에 수십억 부자', '하루 10분으로 인생 역전'을 약속하는 책들이 넘쳐난다. 유튜브와 인스타그램에는 '하루 30분만 일하며 100만 원 번다.'라며 화려한 일상을 자랑하는 영상들이 끊임없이 등장한다. 이런 콘텐츠들에는 공통점이 있다. 모두 조급함을 자극한다는 것이다. '지금 읽지 않으면 가난하다.', '당신도 할 수 있다.'라는 메시지로 사람들을 압박한다. 그리고 그 뒤에는 실제로 큰 성공을 거둔 저자들과 인플루언서들이 버티고 있다.

 나도 이 열풍에 휩쓸렸다. 처음에는 단순했다. '이대로는 살지 말자.'라는 생각으로 가족과의 관계를 회복하고, 기본적인 경제력을 기르는 것이 목표였다. 하지만 자기계발서와 영상을 접하면서 목표는 서서히 변질되었다. 배움을 위한 영상과 독서는 '단기간 부를 이루는 방법 찾기'가 되었다. '7년 안에 100억 자산가'라는 확언까지 생겨났다. 세계여행과 젊은 나이 은퇴를 꿈꾸며, 나 역시 유튜브에 성공담을 올리고 싶었다. 진짜 문제는 다음이었다.

"당신도 할 수 있다!"라는 말이 처음에는 동기부여가 되었지만, 단기간에 성과가 나타나지 않자, 자책과 실망감이 밀려왔다. '힘든 환경을 극복한 사람들도 성공하는데, 여건 좋은 나는 왜 못할까?' 실망감은 조급함으로 바뀌었고, 결국 '역시 나는 안 돼.'라는 포기로 귀결됐다.

하루 종일 자기 계발 생각이 머릿속을 맴돌았다. 성장해야 한다는 강박이 나를 짓눌렀다. 한 칼럼에서 지적했듯이, '자기 개선 욕구가 일상에 끊임없는 불안과 부담을 조성'하고 있었다. 자기수용은 어려워지고, 고쳐야 할 단점만 끊임없이 찾게 되었다. 삶을 나아지게 하려던 자기 계발이 오히려 나를 갉아먹고 있었다. 이는 나만의 문제가 아니다. 갈수록 뉴스에는 사람들의 발전보다는 번 아웃과 위축 소식이 늘어나고 있다. 자기 계발에 대한 근본적인 인식을 돌아봐야 할 때다.

내가 생각하는 진정한 자기 계발은 자신을 이해하고 내면을 성장시키는 것이다. 여기서 '자신을 이해한다'라는 것은 내가 무엇을 원하는지, 무엇에 기쁨을 느끼는지, 어떤 습관이 있는지를 명확히 아는 것이다. 남들이 좋다고 하는 것이 아니라, 진짜 내가 추구하는 것이 무엇인지 찾아가는 과정이다. '내면을 성장시킨다'라는 것은 그 이해를 바탕으로 더 나은 생각과 행동을 선택할 수 있는 능력을 기르는 것이다.

이는 단기간의 큰 부나 성공, 타인의 시선과는 근본적으로 다르다. 많은 자기 계발 콘텐츠가 추구하는 것들—화려한 성공, 빠른 부의 축적, 남들이 부러워하는 삶—은 모두 외부의 기준이다. 하지만 진정한 자기 계발은 오롯이 '나 자신'을 위한 것이어야 한다. 내가 원하는 삶을 살기 위해, 내가 행복하기 위해, 내가 성장하기 위해서 말이다.

문제는 우리가 자신도 모르게 외부의 기준에 휘둘리고 있다는 점이다. 나 역시 그랬다. 진짜 내가 원하는 것이 무엇인지보다는 '지인들에게 멋있는 사람으로 보이려면 어떻게 해야 할까?'를 먼저 생각했다. 부와 명예가 있어야 인정받을 수 있다고 믿었다. 스스로에게 던지는 질문조차 '이렇게 하면 사람들이 어떻게 볼까?'였다. 온전히 나를 들여다보기 위해서는 이런 외부의 시선부터 걷어내야 한다.

그렇다면 어떻게 해야 할까? 먼저 속도를 늦춰야 한다. 자기 계발 콘텐츠들이 조장하는 조급함에서 벗어나 천천히 자신을 관찰하는 시간이 필요하다. 어떤 순간에 기쁨을 느끼는지, 무엇을 할 때 시간이 빨리 가는지, 어떤 가치를 소중히 여기는지를 차근차근 알아가는 것이다. 이는 하루아침에 되는 일이 아니다. 몇 년에 걸쳐 서서히 형성되는 자기 이해의 과정이다. 또한 작은 변화부터 시작해야 한다. '7년 안에 100억' 같은 거창한 목표 대신, 오늘 하루 나를 조금 더 이해하고 조금 더 나은 선택을 하는 것에 집중하는 것이다. 매일 조금씩 축적되는 이런 변화가 결국 진정한 성장으로 이어진다.

자기 계발은 더 나은 '나'가 되기 위한 여정이다. 하지만 그 '더 나은 나'의 기준은 타인이 아닌 바로 나 자신이 정해야 한다. 빠른 성공과 외부의 인정에 현혹되지 말고, 천천히 그러나 꾸준히 자신만의 길을 걸어가길 바란다. 진정한 자기 계발은 조급함이 아닌 인내심에서, 비교가 아닌 자기수용에서 시작된다는 것을 잊지 말았으면 한다.

2
[출발]

반복 속에서 찾을 수 있는
"나 자신"

 자기 계발을 위해 가장 먼저 해야 할 일은 무엇일까. 우리는 어릴 적부터 "자신을 알아야 한다."라는 말을 수없이 들어왔다. 하지만 구체적인 방법을 찾기란 쉽지 않았다. 나 역시

 "나는 누구인가?"

 "나의 장단점은 무엇인가?"

 "나는 어떤 사람일까?"

 라는 질문을 끊임없이 던졌지만, 명확한 답을 찾기 어려웠다.

 그러던 중 나의 과거를 돌아보는 시간을 가지게 되었다. 과거에 있었던 사건에서 나를 찾고자 노력하면서 놀라운 사실을 발견했다. 운전 중 다른 사람에게 소리쳤던 상황, 지인들과의 말다툼, 돈이 없을 때마다 했던 부모님 찾기 등이 반복적으로 일어났다는 것이다. 분명 반복된 이유가 있을 것이

라는 생각이 들었고, 이후 반복된 상황을 찾고 그 안에서 나의 습관과 성격을 찾는 질문으로 관점을 바꾸게 되었다.

"우리는 반복적으로 하는 것의 총합이다."
- 아리스토텔레스

즉, 습관이 바로 우리의 삶이고 성격이며 우리 자신인 것이다. 이런 깨달음을 바탕으로 일상 속 반복되는 패턴을 통해 자신을 이해하는 체계적인 방법을 제시해 보고자 한다.

1단계: 반복 패턴 발견하기

반복되는 사건과 상황에서 나의 말과 행동이 놀라울 정도로 일관적이라는 점을 발견할 수 있다. 또한 내가 심하게 답답함을 느끼고 스트레스를 받는 원인도 비슷한 패턴을 보인다.

반복 패턴을 찾기 위해서는 세 가지 핵심 질문을 던져봐야 한다.

첫째, 나에게 자주 일어나는 상황이 무엇인가?
둘째, 그 상황에서 내가 했던 행동과 말은 무엇인가?

셋째, 그런 행동과 말을 한 이유는 무엇인가?

이 세 단계를 거치면 자신의 패턴을 명확히 파악할 수 있다.
삶에서 반복되는 상황들을 구체적으로 살펴보면, 연인이나 지인들과 자주 다투거나, 직장을 금방 그만두거나, 운전할 때 자주 화가 나는 경우들이 있다. 본인에게 가장 자주, 많이 일어나는 한 가지만 생각해 보면 된다. 단번에 "나 자신"을 찾을 수는 없기 때문이다.

2단계: 다층적 자기 분석
자기 이해를 위해서는 내면적, 사회적, 외부적 영역으로 나누어 분석하는 것이 효과적이다.

내면적 분석에서는 "언제 가장 편안한가?"라는 질문이 핵심이다. 조용한 방에서의 혼자만의 시간을 선호하는 사람이 있는가 하면, 사람들과 함께 있는 시간이나 연인에게 안겨서 잠드는 시간을 가장 편안해하는 사람도 있다. 이런 편안함을 느끼는 조건을 통해 본인의 기본적인 욕구와 결핍을 찾을 수 있다. 나와 같이 혼자만의 시간이 필요한 사람이 있고, 애정이 더 중요한 사람도 있다.

사회적 분석에서는 대인관계의 패턴을 살펴본다. 만약 가족이 나와의 대화를 피한다면, 나의 말투와 습관은 어떠할까. 짜증 내는 말투, 성의 없는 대답, 부정적인 단어 사용, 강압적인 느낌, 징징거리는 말투, 아는 척하는 태도 등이 있을 수 있다. 이런 관찰을 통해 본인의 사회적 습관과 특징을 찾을 수 있다.

외부적 분석에서는 환경이 주는 영향을 고려한다. 집에 들어가는 순간 답답함을 느낀다면, 공간이 주는 압박감을 살펴봐야 한다. 답답한 가구 배치, 어두운 조명, 불필요한 물건들이 우리에게 미치는 영향은 생각보다 크다. 실제로 입구에서 보이는 가구를 모두 가슴 밑 높이로 바꾸고, 입지 않는 옷과 쓰지 않는 기구들을 정리해서 공간을 넓히면 집에서의 답답함이 사라지고 감정이 편안해지는 경험을 할 수 있다.

3단계: 자기 인정의 과정

반복되는 상황 속에서 나 자신과 변화해야 하는 습관을 찾았다고 끝이 아니다. 가장 어려운 단계가 바로 '인정'이다. 우리는 수많은 좋은 이야기를 들어왔지만, 들었다고 변하지는 않았다. 만약 그랬다면 우리나라 사람은 전부 위대한 사람이 되었을 것이다. 하지만 제자리인 경우가 많다. 이유는 본인의 모습을 인정하지 못하고 행동하지 않았기 때문이다. 생각보다 인정하기가 쉽지 않다. 진짜 나를 마주했을 때 수반되는 비난, 수치심, 실망, 두려움이 생기기도 한다. 그래서 우리는 무의식적으로 "그럴 리 없어." 하며 회피한다.

나 역시 "끈기와 참을성이 없는 사람"을 인정하기 힘들었다. 회사를 여러 곳 다닌 상황을 단순히 나에게 맞는 일이 없어서라는 변명으로 회피했다. 하지만 나의 실수로 인한 꾸짖음도 참지 못하고 상사와 다툰 상황이 6번, 몇 개월 안 다니고 퇴사하는 상황이 11번이나 반복되면서 인정할 수밖에 없었다. 또한 인정하기 어려운 또 다른 이유는 '타인의 시선' 때문이다. 우리의 이미지는 사회적 기준과 타인의 시선에 맞춰져 있다.

예를 들어 "너는 좋은 사람이야."라는 말을 많이 듣는 사람은 자신도 자신을 좋은 사람이어야 한다고 생각한다. 그로 인해 불편한 상황이어도 부탁을 거절하지 못하고, 거절하더라도 좋은 이미지가 없어질까 하는 스트레스를 받는다. 이처럼 타인의 시선이 "나"를 만든다. 그래서 진정한 본인을 찾아도 사회적 이미지와 다르면 타인의 기대에 배반하는 일처럼 느껴져 인정하기 어렵다.

박보영 배우가 "착하고 밝은 이미지 때문에 항상 웃으며 살아야 한다."라고 말한 일화가 있다. 기분이 안 좋은 날 애 써 웃으며 커피를 주문했는데, 옆에 있는 친구가 "네가 참 불 쌍하다고 생각해."라고 말했다는 것이다. 연예인도 사람이고 감정도 다양한데, 타인의 시선과 기대로 인해 표현할 수 없 는 안타까운 상황이다. 배우라는 직업의 특징이 있지만, 우 리도 별반 다르지 않다. 가족, 연인, 친구 등 타인의 시선에 서 벗어나지 않기 위해 '나 자신'을 외면하기도 한다. 그렇기 에 꼭 나만의 시선으로 나를 봐야 하고, 인정해야 한다. 유명 심리학자 칼 로저스가 말했듯이 "내가 자신을 있는 그대로 받아들일 때 비로소 내가 변화할 수 있다."

4단계: 실행과 변화 전략

인정한 뒤에는 행동해야 한다. 하지만 단기간에 많은 변화 를 욕심내면 안 된다. 자기 계발은 수십 년간 살아온 삶과 생 각을 변화시키는 일이다. 나도 욕심이 있었지만, 34살까지 살아온 삶을 짧은 시간에 많은 것을 바꾸는 것은 불가능함을 인정했다. 그 후 장기적인 관점으로 보기 시작했고, 더 나아가 비교 대상을 타인이 아닌 과거의 나로 바꿨다. 그 후 '나도 저 사람처럼 해야 하는데….'라는 자책에서 '과거보다 잘하고 있어.'라는 칭찬으로 변했다.

구체적인 변화를 위해서는 한 번에 하나의 습관에만 집중해야 한다. 하나의 성공 경험을 축적해서 자신감을 구축하는 것이 중요하다. 또한 변화를 돕는 물리적 환경을 조성하고, 진전 상황을 정기적으로 확인하며, 작은 성취에 대해서도 자기 격려를 아끼지 않아야 한다. 인정 후 나는 '할 수 있어, 지금 버티면 어제보다 끈기 있는 거야.'를 다짐하고 벽에 적어 놨다. 현재는 공간 관련 사업을 1년 이상 하고 있다. 전보다 끈기 있는 사람이 되어가고 있다.

자기 계발의 목적은 누구보다 빠른 성공이나 많은 부의 축적이 아니다. 어느 순간 뒤돌아볼 때 '과거보다 나은 나'가 되어 있는 것이다. 단기간에 변화를 꿈꾸고 남과 비교하지 말고 지금의 나를 봐야 한다. 남과 비교한다고 해서 당신의 삶이 나아지지 않는다. 오히려 에너지만 뺏긴다. 내 삶의 주체는 '나'다.

자기 계발을 통해 성장하려는 과정에서 주의해야 할 몇 가지 태도가 있다. 먼저 자기 책임은 회피한 채 '남 탓'을 하면 안 된다는 점이다. 자주 싸우는 이유는 상대방의 잘못 때문이며, 이직이 잦은 이유는 회사가 잘못했기 때문이라는 사고방식이 그러하다. 물론 상대의 잘못으로 어떠한 사건이 일어날 수는 있지만, 사건이 반복적으로 일어난다면 나를 돌아봐야 한다. 과거에 나는 모든 일에 세상을 탓했다. 아내가 눈치 보는 건 아내의 성격으로 치부했고, 회사를 10년 동안 11곳 바꿀 때는 회사를 탓했다. 실제로는 나의 한숨, 회사를 부정적으로만 바라본 습관이 상황을 반복적으로 만들어 낸 것이었다.

'탓' 또한 습관이다. 상황을 개선할 수 없으며 스트레스만 가중된다. 그로 인해 자신과 상황을 객관화하여 바라보지 못하게 한다. 그러므로 탓을 하지 않으려면, 먼저 '탓하는 태도'가 문제라는 것부터 인정해야 한다. 또한, 완벽해지려는 조급함과 타인과의 비교도 피해야 할 함정이다. 대신 과정 중심적으로 사고하고, 실패를 학습의 기회로 인식하며, 자기 자신에 대한 인내심과 자비로움을 갖는 것이 건강한 성장 마인드 셋이다.

분명 삶에는 반복되는 상황과 사건이 있다. 그것을 찾음으로써 당신을 알 수 있다. 자기 이해는 자기 계발의 출발점이다. 반복되는 패턴을 통해 자신을 발견하고, 용기 있게 인정하며, 현실적인 계획으로 조금씩 변화해 나가는 것. 이것이 진정한 자기 계발의 길이다. 기억해야 할 것은 내 삶의 주체는 '나'라는 점이다. 비교하지 말고, 조급해하지 말고, 지금의 나를 있는 그대로 받아들이며 한 걸음씩 나아가면 된다. 각자의 상황과 성격에 따라 다른 접근법이 필요할 수 있으니, 자신에게 맞는 방법을 찾아 적용해 보길 바란다.

3
[정 체]

제자리걸음에서 벗어날 하나의 실천

자기계발서를 접하고 얼마 뒤 나는 자기계발서를 거들떠보지도 않게 되었다. 큰 성공, 누구나 할 수 있다는 말들이 오히려 보기 싫어졌기 때문이다. 하지만 시간이 지나면서 문제는 자기계발서 자체가 아니라 그것을 바라보는 내 인식에 있었다는 것을 깨달았다.

내가 생각하는 진정한 자기 계발은 '과거보다 나은 나 자신'이 되는 것이다. 이런 관점의 변화가 먼저 이뤄진 후 다시 자기계발서를 펼쳐보니, 이전과는 다른 것들이 눈에 들어왔다. 부나 큰 성공, 단기간의 성과보다는 그들이 어떤 마음가짐으로 살아가는지, 어떤 방법을 꾸준히 실천했는지에 더 집중하게 되었다. 그런데도 여전히 제자리걸음이라면, 그때는 그 이유를 찾아봐야 한다. 왜 자기계발서를 읽어도 변화가 없을까?

1. 행동 없는 독서
책을 읽는 것만으로 뭔가를 이뤘다고 착각한다. 독서 자체가 목적이 되어버려 실제로는 아무것도 실행하지 않는다.

2. 성급한 포기
눈에 보이는 변화가 바로 나타나지 않으면 '효과가 없다.'라고 판단하고 쉽게 포기한다. 진정한 성장은 눈에 보이지 않는 곳에서 천천히 일어난다는 것을 간과한다.

3. 불분명한 목적
'왜 이 책을 읽고 있지? 내가 진짜 원하는 게 뭐지?'라는 질문 없이 습관적으로 읽는다. 명확한 목적 없는 독서는 방향성을 잃기 쉽다.

4. 잘못된 인식
여전히 자기계발서를 '단기간 부자 되는 법'이나 '빠른 성공

비법'으로만 여긴다. 이런 관점으로는 진짜 가치 있는 내용을 놓치게 된다.

5. 정보 과부하로 인한 혼란

A 책에서는 '목표를 구체적으로 말하라.'라고 하고, B 책에서는 '목표를 함부로 말하지 말라.'고 한다. 너무 많은 정보에 오히려 혼란만 가중된다.

6. 욕심에서 오는 과부하

한 권의 책에서 얻은 모든 방법을 동시에 실천하려고 한다. 결국 어느 것 하나 제대로 하지 못하고 지쳐버린다.

7. 맹목적 적용

자신의 성향이나 상황을 고려하지 않고 책의 내용을 그대로 따라 한다. 예를 들어 내향적인 사람에게 '적극적으로 사람들을 만나라.'는 조언은 오히려 스트레스가 될 수 있다. 적용해 보되 자신과 맞지 않다면 다른 방법을 찾는 힘도 필요하다.

8. 자기비판의 도구화

책을 읽으면서 자신의 장점보다는 부족한 점만 계속 찾게 된다. 자기 계발이 자기 자신을 깎아내리는 도구가 되어버린다.

9. 지속성 부족

처음에는 열심히 실천하다가도 어느 순간 예전 습관으로 자연스럽게 돌아가 있다. 변화를 유지하는 시스템이 없다.

10. 환경의 무시

아무리 좋은 내용이라도 그것을 실천할 수 있는 환경이 뒷받침되지 않으면 소용없다. 클럽에서는 책을 읽기 어렵고, 도서관에서는 큰 소리로 전화하기 어려운 것처럼 말이다.

11. 주변 사람들의 영향

함께 성장하려는 사람들과 어울리면 힘을 받지만, 부정적이고 변화를 거부하는 사람들과 있으면 오히려 아래로 끌려갈 수 있다. 환경만큼이나 인적 네트워크도 중요하다.

대표적으로 11가지가 있다. 각자 다른 상황과 성격으로 이유도 다를 것이다. 그렇기에 먼저 본인이 찾아야 한다. 만약 자기 계발이 잘되지 않는 원인이 1~9번 중에 있다면 "자신"의 행동과 생각부터 변화시키면 된다. 10번과 11번에 해당한다면 외부적인 변화를 줘야 한다. 10번이라면 집의 인테리어를 들여다보아야 한다. 여건이 안 되면 적어도 본인 방의 인테리어를 바꾸거나 새로운 장소를 찾길 바란다. 나는 침대용 텐트를 설치해서 명상 공간을 만들었다.

또한 집에 있으면 나태해진다. 그래서 인근 카페를 가거나 지자체에서 운영하는 도서관을 간다. 11번에 해당한다면 방법은 두 가지다. 부정적으로 얘기하는 사람은 최대한 피하는 것이다. 그런데 만날 수밖에 없는 상황이라면, 상대에게 나의 이야기를 하지 말아야 한다. 당연한 이야기지만 굳이 말해서 부정적인 말을 들을 필요 없다.

환경, 관계 등 주변을 점검했다면, 이제는 자기계발서를 통해 자기 생각과 행동을 변화시켜야 한다. 내가 제안하는 방법은 "한 가지"만 일단 하는 것이다. 자기계발서를 읽다 보면 실천해야 할 것들이 쏟아진다. 목표 설정부터 시간 관리, 인간관계, 건강 관리까지 온갖 조언들이 한꺼번에 밀려온다.

하지만 그 많은 정보를 모두 받아들이기는 불가능하다. 그런데 책을 읽어가다 보면 유독 마음에 와닿는 부분이나 더 알고 싶어지는 내용이 생긴다.

바로 그 순간이 중요하다. 그것이 지금의 자신에게 필요한 메시지일 가능성이 높기 때문이다. 그때 바로 책을 덮고 와닿은 내용을 나의 삶에 일단 적용하는 것이다. 이때는 나에게 맞는 방법인지 아닌지를 고민하지 않아야 한다. 고민하다 보면, 결국 안 맞는다고 생각하고 시도조차 안 하는 경우가 많기 때문이다.

책에서 와닿은 내용 "한 가지"를 1주 동안 시도 때도 없이 의식적으로 되뇌어 말했다. 예를 들어 나의 삶을 대하는 태도를 변화하기 위해 "그냥 해."라는 말을 운전, 양치 중, 잠들기 전, 길을 걷다가 생각이 나는 순간 육성으로 내뱉었다. 얼마나 했는지 잠꼬대로도 할 정도였다. 또한 이것을 온전히 내 것으로 만들기 위해 방의 문, 화장실, 현관문 등 포스트잇으로 붙여놓았다. 핸드폰, 노트북 배경에도 적어놨다. 그리고 눈에 들어올 때마다 다시 말했다. 1주라는 짧은 시간이지만 나의 삶에는 조금씩 변화가 일어났다. 교육을 바로 신청하고, 나태함을 벗어나기 위해 일단 집에서 나오기 시작했다. 그 후 두 달간은 다른 깨달음을 얻으려고 노력하지 않았다. 이 하나의 변화를 완전히 습관으로 자리 잡게 하는 데 집중했기 때문이다.

책의 내용은 와닿았지만 실행 방법이 나에게 맞지 않거나 명확하지 않을 수 있다. 그때는 관련 서적을 찾아보는 것이 좋다. 예전 읽은 책에서 부자의 습관 중 명상에 관한 대목이 있었으나, 자세한 방법은 언급되지 않았다. 그래서 나는 일단 책을 덮고 서점에 갔다. 명상 방법에 관한 책들의 목차를 훑어보고 책을 구매했다. 총 3권의 명상 책을 보며 실제 적용하기 좋다고 생각한 방법 한 가지를 꾸준히 시도함으로써 지금은 명상이 습관화되었다.

마지막으로 책을 끝까지 읽으려는 욕심을 버려야 한다. 소설, 수필처럼 마음의 휴식이 책이라면 편안하게 끝까지 보는 편이다. 반면 자기계발서는 끝까지 보려고 욕심내지 않는다. 『부의 추월차선』에서 진정한 부의 3F(Family, Fitness, Freedom)와 부자의 마음가짐에 관한 부분을 읽고 돈과 부에 대한 인식이 완전히 바뀌었다. 책에 수많은 정보가 있지만, 나에게는 이 대목만으로도 충분했다. 무분별한 소비 습관을 돌아보게 되었고, 특히 3F 중 첫 번째인 Family를 위해 더 노력하게 되었다.

단순히 책을 읽는 것에 그치지 않고 실천에 옮긴 결과, 경제 상황과 가족 관계 모두 실질적으로 개선되었다. 이런 변화를 경험한 후 해당 부분을 10번 이상 반복해서 읽으며 초심을 되새기고 있다. 진정한 자기계발서 읽는 방법은 완독이 아니라 독서를 통해 배운 "한 가지"를 실천하는 것이다.

이 책에도 12가지의 자기 계발 방법과 해당 경험들로 채워져 있다. 이 가운데 지금도 의식적으로 신경 쓰고 있는 부분이 있다. "경청"이다. 아직도 대화 중 잡생각으로 인해 집중하지 못하면 '철수야 나가.'를 계속 외친다. 또한, '말의 힘'을 알면서도 가끔 과거의 습관으로 상대방에게 실수한다. 그렇다고 경청하는 습관을 들이거나, 말투를 고치기 위해 다른 방법을 찾아 적용하려 노력하지는 않는다. 하루에 한 번이라도 상대방의 말에 집중하려 의식적으로 노력하고, 사용하는 언어에 주의를 기울인다면, 오늘의 나는 어제의 나보다 분명 나아지고 있다고 확신한다.

이 책을 읽고 있는 독자들에게 물어보고 싶다.

"지금 이 책에서 가장 와닿는 내용은 무엇인가?"

그 부분을 찾았다면, 바로 책을 덮고 일단 해보는 것을 추천한다. 자신과 맞지 않을 수 있다. 그럼에도 추천한다. 직접 실천함으로써 맞지 않는 방법을 걸러낼 수 있기 때문이다. 그 과정이 반복될수록 자신에게 맞는 방법을 찾을 수 있다. 오프라 윈프리가 한 말이 있다. "내가 변한 건, 한 문장에서부터였습니다." 우리의 변화도 그녀의 말처럼 한 문장에서 시작될 수 있다. 중요한 건 많이, 빠르게, 크게 이루기 위해 욕심내는 것이 아니라, "한 가지"를 직접 해보는 행동이다. 나의 자기 계발도 "2023년 2천만 원을 모았다."라는 한 문장을 내뱉으면서 시작되었다.

4
[명언]

인생을 바꾼
한 줄

 우리는 평소에 수많은 명언을 보고 듣고 있다. 유명인, 주변인, 매체에서도 심심치 않게 나온다. 관계, 내면, 행동, 말 등 주제도 다양하고 세부 주제는 셀 수없이 많다. 과거에는 관심이 없었다. 쉽게 하는 말로 넘어갔다. 그러다 자기 계발에 관심을 가지게 되면서 명언을 보는 순간 동기부여와 삶의 위안이 됐다. 그래서 잊지 않기 위해 포스트잇으로 한 장씩 붙이기 시작했다. 출근 전, 취침 전, 기상 후 벽 앞에 서서 읽고, 새로운 명언을 붙이며 지냈다. 어느덧 안방 한쪽 벽의 절반 가까이가 약 150가지의 명언으로 도배 되었다. 읽는 것도 버거워졌고, 명언을 듣는 것도 버거웠다. 과유불급이었다. 결국 나에게 가장 필요하다고 생각한 16가지로 줄였다.

"그냥 해(Just Do It)."

- 나이키 슬로건

"통제할 수 있는 것만 통제해라."

- 에픽테토스

"내가 믿는 것이, 결국 내가 될 모습이다."

- 간디

"말하지 말자."

이 중에서 내가 가장 중요시 생각하는 말이 있다. 이 한 줄의 문장으로 인해 나에게 심리적, 경제적으로도 많은 변화가 생겼다. 그리고 미래, 사람 관계 등 고민하는 지인들에게 꼭 해주는 말이 있다.

"통제할 수 있는 것만 통제해라."

- 에픽테토스

이 말에는 걱정, 행동, 방법 등 모든 게 들어 있다.

예로 이순신 장군의 장계에서 한 유명한 말이 있다. "신에게는 아직 열두 척의 배가 있사옵니다." 이 말을 들은 우리는 이순신 장군을 포기하지 않는 장군, 유명한 전략가로 평가한다. 나는 이 문장에서 이순신 장군은 통제할 수 있는 것에만 집중했다고 생각했다. 지원군이 오지 않는 것, 상대의 병력에 대한 걱정이 없다. 즉, 나라에서 보내는 지원군 수, 상대 병력은 이순신 장군이 통제할 수 없다.

하지만 통제할 수 있는 건 무엇일까? 열두 척의 배, 주변 환경을 이용하는 건 가능하다. 그래서 열두 척을 생각하고 방법을 찾았다. 만약 이순신 장군이 "지원군은 왜 안 오지? 적군이 오다가 전염병 걸리지 않을까?" 등 통제할 수 없는 것에 신경 쓰며 휘둘렸다면 어떻게 되었을까? 아마도 현재와 같은 역사는 존재하지 않았을 것이다.

돌아보면, 우리는 통제할 수 없는 것에 너무 많은 신경과 시간을 허비하고 있다. 미래에 대한 불안, 지난 과거에 대한 후회, 지인의 감정, 사회적 상황 등이 대표적이다. 이 가운데 우리가 통제할 수 있는 것은 단 하나도 없다.

그렇다면 우리가 할 수 있고 해야 할 건 무엇인가?

그건 바로 "나의 행동"이다. 고시원을 운영했을 당시 내가 했던 마케팅 전략을 예로 들어본다. 해당 지역에서 휴대전화와 컴퓨터를 포함해 고시원을 찾는 검색량은 60이었다. 하루에 고작 2명만 검색하고, 인근에 고시원이 열 곳인 것을 고려하면 상당히 낮은 수치다. 또한 고시원 거주자의 상당수는 일용직 및 외국인 노동자였는데, 인근에서 진행 중인 공사가 끝나면서 거주자 수가 줄어드는 상황이었다.

여기서 내가 통제할 수 없는 건 무엇일까?
1. 검색량
2. 주변 고시원 수
3. 전체 고시원 거주 인원 감소

그렇다면 내가 고시원에 입실 문의를 위해 통제할 수 있는 건 무엇일까?

1. 인터넷 상위 노출로 60명의 검색자에게 나의 고시원을 보여주는 것
2. 인터넷이 아닌 다른 방법의 광고를 찾는 것

3. 주변 고시원과의 차이점과 장점을 찾고 알리는 것

 통제할 수 있는 것에 집중하면서 내가 할 수 있는 홍보 방법을 실행에 옮겼다. 인근 인력사무소를 돌며 전단지를 돌리고, 사무소 게시판에 공지했다. 또한 외국인 노동자들의 보호자와 돈독한 관계를 맺는 것에 신경을 썼다. 그러면서도 그 방법이 효과가 있을지 없을지는 신경 쓰지 않았다. 그 이유는 내가 실행함으로써 거주자를 유치하는 확률은 높일 수 있지만, 결과는 통제할 수는 없기 때문이다.

 이러한 '통제가 가능한 것에 집중하기.'는 요즘 한국 청년들에게 특히 필요한 관점이다. 치열한 경쟁과 불투명한 미래, 불안정한 사회 속에서 지치고 있는 청년들은 인간관계에서도 어려움을 느끼고 있다. 이런 상황에서 우리는 통제할 수 없는 것들에 많은 신경이 향해 있다. 현재 주변에서 심심치 않게 들리는 말을 예시로 통제 가능 유무를 구분해 보았다.

"사회가 어려워서 장사가 안돼."
 - 통제할 수 없는 것 : 사회적, 경제적 상황
 - 통제할 수 있는 것 : 본인 매장의 광고, 장점, 문제점 찾

는 행동

"불안한 미래, 후회스러운 과거"
- 통제할 수 없는 것 : 알 수 없는 미래, 되돌릴 수 없는 과거
- 통제할 수 있는 것 : 현재. "오늘 한 행동이 미래의 나를 만든다."

"가족, 친구가 나를 힘들게 해."
- 통제할 수 없는 것 : 그들의 행동, 말, 성격 변화.
- 통제할 수 있는 것 : 본인의 행동과 말, 만나는 횟수

어떠한 문제나 상황을 통제할 수 없는 것, 있는 것으로 확실히 구분해 보자. 그 후에 어떤 행동을 취할지는 오로지 당신의 선택이다. 통제할 수 없는 미래에 대한 걱정은 그만하고 오늘에 집중해야 한다.

그리고 결과도 통제할 수 없다. 하지만 우리는 확률을 높일 수는 있다.

통제할 수 없는 것을 내려놓기만 해도 걱정은 줄어든다.

물론 모든 걱정이 사라지는 것은 아니다. 때로는 우리가 할 수 있는 일을 미루거나 회피할 때 걱정이 더 커지기도 한다. 작은 행동이라도 할 때 조금씩 나아갈 것이다. 내가 바꿀 수 있는 건 결국 나의 선택과 태도, 그리고 지금의 작은 실천이다. 거대한 미래를 바꾸려 애쓰기보다, 오늘 내가 걸을 수 있는 단 한걸음에 집중해 보자.

책의 내지에 사용된 일러스트는 모두 AI(ChatGPT PLUS)로 생성한 일러스트입니다.